RÉPUBLIQUE
DES CHAMPS ÉLYSÉES,

ou *MONDE ANCIEN,*

Ouvrage dans lequel on démontre principalement :

Que les Champs élysées et l'Enfer des Anciens sont le nom d'une ancienne République d'hommes justes et religieux, située à l'extrémité septentrionale de la Gaule, et surtout dans les îles du Bas-Rhin ;

Que cet Enfer a été le premier sanctuaire de l'initiation aux mystères, et qu'Ulysse y a été inidé ;

Que la déesse Circé est l'emblême de l'Eglise élysienne ;

Que l'Elysée est le berceau des Arts, des Sciences et de la Mythologie ;

Que les Elysiens, nommés aussi, sous d'autres rapports, Atlantes, Hyperboréens, Cimmériens, &c., ont civilisé les anciens peuples, y compris les Egyptiens et les Grecs ;

Que les Dieux de la Fable ne sont que les emblêmes des institutions sociales de l'Elysée ;

Que la Voûte céleste est le tableau de ces institutions et de la philosophie des Législateurs Atlantes ;

Que l'Aigle céleste est l'emblême des Fondateurs de la Nation gauloise ;

Que les poètes Homère et Hésiode sont originaires de la Belgique, &c.

OUVRAGE POSTHUME

De M. CHARLES-JOSEPH DE GRAVE, *ancien Conseiller du Conseil en Flandres, Membre du Conseil des Anciens, &c.*

Veterum volvens monumenta Deorum,
ó Patria ! ó divum Genus !

TOME   SECOND.

A GAND,
De l'Imprimerie de P. F. DE GOESIN-VERHAEGHE,
rue Hauteporte, N°. 229.

1806.

RÉPUBLIQUE

DES

CHAMPS ÉLYSÉES,

OU

MONDE ANCIEN.

Circé, emblême de l'Église élysienne : source des erreurs sur sa nature : origine du mot SAINT.

DANS l'antiquité il n'y a pas de déesse plus intéressante, plus vénérable que CIRCÉ ; et cependant il n'y en a pas qui ait été plus indignement traitée. Depuis qu'on a perdu la clef de la mythologie, on a regardé Circé, on la regarde même encore comme une courtisanne, qui, magicienne en même temps, faisoit usage de son art pour séduire les hommes et assouvir ses desirs voluptueux. On fonde cette absurde opinion sur une interprétation matérielle de quelques circonstances de l'histoire d'Ulysse.

Homère attribue à Circé quelques actes qui, pris au pied de la lettre, semblent supposer en elle quelque pouvoir surnaturel. Mais le bon sens d'abord permet-il de croire à cette sorte de magie ? Si plusieurs savans ont eu cette foiblesse, c'est que, bien souvent, une profonde érudition est l'écueil où la raison vient échouer. La nature n'a jamais abandonné l'empire de ses loix au caprice des femmes. Les sorcières des temps fabuleux n'étoient pas plus sorcières que celles du temps présent.

Homère n'a certainement pas pu prévoir qu'un jour on traiteroit Circé, son héroïne, de magicienne et de femme perdue de mœurs : car en faisant abstraction des faits racontés en style mystique, auquel il auroit fallu chercher un sens raisonnable, puisque toutes les avantures d'Ulysse sont écrites en langage allégorique, il ne donne aucun sujet à une imputation si odieuse. Loin de se servir d'une phrase ou d'une épithète quelconque, propre à jeter quelque ombrage sur les mœurs, ou sur le caractère de Circé, il parle toujours de cette déesse dans les termes les plus respectueux : le moindre titre qu'il lui donne c'est celui de VÉNÉRABLE : il l'appelle communément DIVA DEARUM, (*dia theanōn*) qualité auguste qui dit autant que *déesse des déesses*, ou *déesse suprême* ; et lorsqu'il fait mention de la demeure de Circé, il l'appelle *maison sainte*, SACRÆ ÆDES CIRCES. Ce n'est pas ainsi qu'on parle d'une courtisanne, d'une sorcière, ni d'une maison de prostitution.

Ces considérations seules auroient dû mettre les écrivains en garde contre leurs fausses interprétations. Mais ce qui étoit bien propre à leur ouvrir les yeux, c'est le soin pieux et maternel que Circé prend du salut de son hôte ; c'est la conduite sage qu'elle tient à son égard ; ce sont les sublimes leçons de morale qu'elle lui donne. La déesse détermine d'abord le héros grec à passer dans l'enfer pour être initié aux mystères. L'initiation étoit l'acte de piété le plus auguste et le plus sacré du culte ancien. Ce seroit sans doute une chose bien singulière de voir une fée voluptueuse envoyer son amant au sombre séjour des morts, pour assister à la cérémonie lugubre de l'évocation des ombres : la dévotion et surtout la vénération pour les morts, ne sont pas l'apanage des courtisannes.

Ce grand acte de piété consommé, Circé félicite le héros sur son heureux succès ; ensuite, sans faire la moindre instance pour le retenir, sans témoigner aucun regret de son départ, (ce qui n'entre certainement pas dans le caractère des femmes corruptrices), elle lui donne au contraire les plus sages conseils pour sa direction sur la route : » écoutez, dit elle, ce » que j'ai à vous dire ; quelque dieu favorable » vous en fera souvenir dans l'occasion. »

Après ce préambule, qui annonce déjà que l'avis qu'elle va lui donner, sera égal à un conseil *divin*, elle prévient Ulysse des dangers qu'il va courir en passant devant l'île des *Sirè-nes*. Elle lui retrace , dans les termes les plus énergiques , les malheurs dont on est menacé , lorsque l'on écoute ces perfides enchanteresses ; elle lui suggère même un moyen de se sous-traire au pouvoir de leurs charmes. Avec quel front Circé auroit-elle pu prêcher une morale si saine , et donner des avis aussi salutaires , si elle avait été elle-même une espèce de Sirène ?

La déesse donne ensuite à Ulysse des instruc-tions sagement combinées , tant en morale qu'en politique , pour passer avec le moins de danger possible à travers les écueils de Scylla et de Cha-ribde. Mais ce qui nous donne encore une plus haute idée de son caractère , ce sont les points qui terminent cette belle instruction.

L'Hiérophante Tirésias avoit fortement recom-mandé à Ulysse , lors de son initiation , de ne pas toucher dans l'île de Trinacrie aux bœufs et aux moutons consacrés au soleil. « Si vous avez « la force , lui dit-il , de vous en abstenir , vous « pouvez espérer de retourner à Ithaque ; mais « si vous y touchez , vous risquerez de périr , « ou du moins de n'arriver dans votre patrie « qu'après de longues années et de grands mal-« heurs. »

Cette leçon renferme ce grand précepte , base de toute philosophie divine et humaine , qu'il faut respecter les dieux et la propriété d'autrui ;

principe que Virgile a supérieurement rendu dans l'initiation d'Enée par ce vers, *discite justitiam moniti et non temnere divos*. S'emparer des animaux consacrés au culte divin étoit un sacrilége et un vol; c'étoit violer les loix divines et humaines tout à la fois.

Dans la crainte que l'autorité du grand-prêtre n'eut pas fait assez d'impression sur l'esprit d'Ulysse, Circé lui repète mot à mot ce divin avis; elle lui fait entrevoir les mêmes suites, et les mêmes maux en cas de transgression. N'est-on pas fondé à demander encore si c'est là le langage d'une femme perdue de mœurs? Et si ce n'est pas plutôt la voix d'une femme céleste, d'une *archi-prêtresse ?* Aussi trouve-t-on des peuples qui, en conservant les anciennes traditions, ont au milieu de la corruption du culte rendu justice à Circé. Cicéron atteste que, de son temps, elle étoit vénérée comme une déesse par les habitans de Circéi.

Mr. Bitaubé a senti ces vérités. » Il est assez » singulier, dit-il, que ces leçons, ainsi que » celles qui viennent d'être données au sujet des » Sirènes, sortent de la bouche de Circé. »

L'auteur avoue ensuite qu'Ulysse parle avec respect de cette MAGICIENNE VOLUPTUEUSE. Mais Homère seroit bien blâmable de parler ainsi de Circé, si elle eut été une magicienne voluptueuse; une femme voluptueuse ne mérite que du mépris; une sorcière voluptueuse inspire de l'horreur. Parler avec respect de ces sortes de femmes, c'est avilir les mœurs, c'est encourager au vice : mais la justice permet-elle de supposer un pareil dessein dans Homère, dont le caractère est connu ?

Pour achever le portrait de Circé, considérons l'idée que nous en donne l'expédition des Argonautes. Ces illustres voyageurs étant arrivés à l'île d'ÆA, Médée, fille du roi Aëtes, raconta, en langue COLCHIDIENNE, à sa tante Circé le voyage des Argonautes, sa fuite avec Jason et la manière dont elle s'étoit évadée de la maison de son père; sur quoi la déesse adressa à sa nièce le discours suivant :

»Malheureuse ! votre indigne fuite et vos hor-
»ribles forfaits ne sauroient demeurer impunis.
»Puisse *Aëtes* aller bientôt lui-même en Grèce
»pour vous faire sentir sa colère et venger la
»mort de son fils ! Votre qualité de suppliante,
»et le sang qui nous lie, m'empêchent de pen-
»ser moi-même à vous punir. Sortez de mon
»palais, ET SUIVEZ L'INCONNU POUR LEQUEL
»VOUS AVEZ ABANDONNÉ VOTRE PÈRE : mais n'em-
»brassez pas mes genoux, et n'implorez pas mon
»secours. AUX DIEUX NE PLAISE QUE JE VEUILLE
»FAVORISER VOS HONTEUX DESSEINS !»

La matrone la plus chaste, la plus vertueuse, ne sauroit tenir un plus louable langage.

La sévérité de ses reproches sur les liaisons de Médée avec Jason est d'autant plus admirable, que cette fille n'avoit quitté la maison de son père et attaché son sort à celui de son amant, que dans la vue honnête de l'épouser.

Mais ce qui est bien plus fort, ce qui justifie hautement le titre de *Diva Dearum* ou *Déesse-Mère* qu'Homère donne à Circé, et qui met en évidence la vraie nature et le caractère sacré de cette déesse ; c'est l'expiation du meurtre d'Absyrthe, à laquelle elle a présidé.

Les Argonautes ayant été jettés par les tempêtes près de l'île Electris, le mât du navire fut doué de la faculté de parler et annonça aux navigateurs "qu'ils ne pourroient se soustraire à "la fureur des flots, à moins que Circé, fille "du Soleil et de Persée, ne les eut PURIFIÉS "du meurtre d'Absyrthe ; et que pour cela "Castor et Pollux devoient prier les immortels "de leur ouvrir les chemins de l'Ausonie, où "la déesse faisoit sa résidence."

Un MÂT qui parle et qui ouvre un avis si divin, est une prosopopée bien frappante ; mais remarquons que le bois de ce mât étoit tiré de la FORÊT SACRÉE DE DODONE, et que Minerve l'avoit placé. C'étoit donc en style figuré l'oracle de Dodone même qui commandoit cette purification ; c'étoit l'organe de Jupiter qui présidoit à cet oracle. Mais à quel être sacré sur la terre le père des dieux confie-t-il cet acte de souveraineté religieuse ? C'est à Circé, c'est à une déesse résidant au bout du monde.

Cet oracle divin n'est-il donc pas une RÉVÉLA-
TION manifeste que Circé étoit le symbole de
l'église ancienne, ou de la mère suprême des
fidèles ? N'est-ce pas l'église proprement dite
qui, seule sur la terre, est investie du pouvoir divin de réconcilier l'homme coupable avec
le ciel ? La résidence de Circé étoit donc cette
CITÉ SAINTE où le Dieu suprême avoit établi le
siége de son vicariat sur la terre. Circé etoit
l'embléme de l'ancienne église ; elle étoit la
DIVA DIVARUM, ou l'église mère de toutes les
églises.

En considérant que les pontifes élysiens adap-
toient toujours les noms à la nature de choses,
attendons-nous aussi que le nom de CIRCÉ sera
analogue à sa qualité auguste. Cette vérité, qu'on
rencontre sans cesse, se manifeste ici de la
manière la plus expressive. KIRKE, car c'est là
le vrai mot, et tel que l'écrit Homère, signifie littéralement ÉGLISE ; HELISHE KIRKÉ est
église élysienne, et qui plus est HELISCHE KIRKÉ
est synonyme de HEILIGE KERKE, *église sainte*.

Voilà la nature de Circé constatée d'une manière qui ne souffre pas le moindre doute ; et
on ne revient pas de sa surprise en voyant une
opinion, qui y est si diamétralement opposée,
s'établir et dominer en dépit de tant d'evidence.
Il est apparent que ce qui aura donné d'abord
lieu à dénaturer si cruellement le caractère de
cette divinité, c'est la fausse interprétation qu'on

a donnée du mot grec PHARMACON , dont le poëte fait usage , lorsqu'il parle de la mixtion dont Circé composoit le breuvage d'Ulysse et de ses compagnons. On a pris ce terme pour des drogues réelles , et même pour des drogues EMPOISONNÉES. Circé est nommée v. 276, Po-LUPHARMAKÉE , mot qui , dans son acception ordinaire , indique une femme experte dans la science des médicamens. PHARMACON signifie MÉDICAMENT ; mais il se prend quelquefois pour poison, et dans ce sens le mot POLUPHARMAKÉE peut s'appliquer aussi à des femmes versées dans l'art d'empoisonner. (1) C'est cette dernière acception que les interprètes ont préférée. La version latine dit VENEFICA , *empoisonneuse.* Cependant ce terme loin d'exprimer, dans cet endroit , une si sinistre idée, signifie dans la juste valeur du terme SEER-HEILIG , *très-sainte.*

Pour bien comprendre la propriété des mots, sur tout dans les choses qui tiennent à l'antiquité , il est nécessaire de remonter à leur source. Le mot HEILIG , *saint*, est dans ce cas ; considéré dans son acception vulgaire, c'est un terme abstrait, qui indique en général une chose infiniment respectable ; mais ramené à son origine, il signifie GUÉRISSANT. Sa racine est le

____

(1) *Polupharmakos*, medicamentis abundans , aut venenis. Item , multorum medicamentorum peritus , multis medicamentis utens. Lexicon græco-latinum J. Scapulæ.

verbe HELEN, ou HEILEN (1), qui veut dire
guérir; HEIL-MEESTER est un *médecin*, HEIL,
salut ou *guérison*; ainsi HEILIG (2) équivaut à
sanans. Les médicamens étant faits pour guérir, Circé PHARMAKÉE ou experte dans les remèdes, est, dans la primordiale acception du
terme HEILIG (3), *sainte*.

Circé étoit fille du SOLEIL (*helios*). Les grecs
ont pris helios du même verbe HELEN, parce
que cet astre est le grand médecin du monde
sublunaire. Apollon, le soleil moral, est formellement reconnu pour le dieu de la médecine.
HEL (4) ou HEIL est sans doute aussi le nom
que nous avons donné autrefois au soleil;
on dit encore en vieux gaulois HAUL (5). Mais on
lui a substitué le mot SON qui présente le

----

(1) HEILIG dénote proprement ce qui apporte *santé*,
bonheur. Il vient de HEILEN, HEELEN, *guérir*. Weiland,
dict. verbo HEILIG.

(2) HEILAND, *sauveur*. Ten Kate observe justement qu'il
dérive de HEILEN, GENESEN, *guérir*. Weiland, hoc verbo.

(3) HELIG. Credo hoc verbo omne id quod ad *salutem*
pertinuit eoque tetendit, omnium primo hoc nomen gessisse,
vel quod idem est ab *Hel* eodem modo factum esse *Helig*,
quo à *sæl*, *sæl*, *salig*. Ihre, verbo HELIG.

(4) HEL, *sanus*, *benevolens*. HEL, *sanitas*. HELSA, *salu-
tare*. Ihre, his verbis.

Schefferus *Helig* derivat ab ÉLIOS, *sol*, simulque ex Servio
notat Assyriorúm linguâ HEL *solem* sonuisse. Ihre, verbo *Helig*.

(5) HAUL, *sol*, sic armoricè, gr. HÉLIOS. Boxhorn, origines gallicæ, hôc verbo.

même sens. Son dérive du verbe SONEN, *guérir*, l'infinitif n'est plus en usage ; mais qui se conserve encore dans son participe GESONT, *sanus*, et dans le substantif GESONDHEID, *santé*.

D'après cette conséquence il est visible, que SANCTUS vient de SANARE, et que SANARE est le même que SONEN ; *sain* en français, et SAINT se rapprochent si près qu'il n'est pas possible d'en méconnoître l'identité de source. Le divin fondateur de l'église chrétienne est nommé HEILAND, *Sauveur*, son église HEILIG, *sainte*. Ce sont les grands médecins de l'homme ; ils lui dispensent les médicamens spirituels PHARMACA SPIRITUALIA ; ils guérissent l'âme de ses passions, et le cœur de ses vices. Leurs remèdes tendent aussi au bien-être temporel des hommes. Nous verrons plus tard que les institutions religieuses de la République élysienne avoient pour but le salut humain sous tous les rapports ; elles s'appliquoient à l'homme moral et à l'homme physique ; et c'est de ce chef que la déesse Circé n'est pas appelée simplément PHARMAKÉE, *sanans* ; mais POLU-PHARMAKÉE, *multum sanans ; seer-heilig , très-sainte.*

Les remèdes spirituels de l'église, ses saintes leçons, ses institutions salutaires étoient d'une vertu si extraordinaire, que les effets qu'ils produisoient sur l'homme moral, sembloient souvent tenir du prodige. Les grecs, en arrivant chez Circé, trouvèrent devant son palais des

loups et des lions que la déesse avoit apprivoi-
sés. Homère, en nous racontant cette merveille,
a voulu indiquer le miracle que l'esprit de la
religion opère sur des cœurs farouches et sur
des hommes barbares, en les ramenant par la
douce voie de la persuasion et par la MAGIE
de ses instructions salutaires, comme des a-
gneaux dans le giron de l'église. C'est, sous ce
rapport, qu'on appeloit les prêtres MAGES, et
qu'on pouvoit regarder Circé comme *magicienne*.
Platon définit la magie, *purissimus Deorum cultus :* cette idée, dictée originairement par
le sentiment d'une admiration religieuse aura
été dénaturée, dans la corruption générale des
mœurs ; il est apparent même que l'esprit de
secte, qui naît communément des changemens
dans les croyances religieuses, a coopéré à peindre
l'ancienne église de couleurs aussi noires. Faut-
il s'étonner que Circé, emblême de cette église, ait été traitée de PROSTITUÉE, lorsque nous
voyons que l'église moderne n'est pas à l'abri
d'indignités de ce genre ? Les ministres anglicans,
dit le vicaire de Wakefield, se permettent souvent, dans leurs déclamations contre l'église ro-
maine, de l'appeler la GRANDE PROSTITUÉE de
Babylone.

La nature symbolique de Circé étant constatée, il sera aisé de trouver la clef de la conduite mystérieuse, qu'elle a tenue envers Ulysse et
ses compagnons, durant leur séjour dans l'île d'Æa.

Ulysse dans l'île d'Æu : explication du récit
allégorique de ses aventures et de celles
de ses compagnons.

Après qu'Ulysse , débarqué sur nos côtes , eût pris quelque repos , il envoya une partie de ses compagnons en avant pour reconnoître le pays. Parvenus au palais de *Circé* , ils furent reçus par la déesse d'une manière très-bien-veillante ; elle leur servit un breuvage composé de différens ingrédiens ; elle mêla, dans du pain , de DURES DROGUES , *pharmaca lugra* , et cela , dit le texte, POUR LEUR FAIRE OUBLIER ENTIÈREMENT LEUR PATRIE , *ut prorsùs oblivisce-rentur patriæ terræ*. Faisons bien attention à la singularité de ce motif, c'est lui qui va nous donner la clef du mystère.

Les grecs ayant avalé ce breuvage, CIRCÉ LES TOUCHA DE SA BAGUETTE, ET LES ENFERMA DANS UNE ÉTABLE : ILS PRIRENT LA FORME DE POUR-CEAUX , et on leur donna à manger du gland et des gousses dans une auge.

Donner un calice à boire dans lequel il entre de FORTES DROGUES , est en style figuré exposer quelqu'un a de rudes épreuves (1) : mais à quelle

____

(1) On dit figurément et proverbialement, BOIRE LE CALICE, avaler le calice, pour dire, souffrir contre son gré quelque chose de fâcheux et de rude. Dictionnaire de l'académie, au mot CALICE.

Le Seigneur dit dans l'évangile : *Pater mi , si possibile est, transeat à me* CALIX *ista*. Matth. , cap. 26. ꝟ. 39.

fin employe-t-on ces moyens pour faire oublier aux grecs leur patrie ? Un *oubli* ne se commande pas ; l'homme n'est pas maître d'oublier sa patrie, ou toute autre chose que ce soit. C'est au temps qu'est reservé ce pouvoir ; on peut renoncer à sa patrie, à ses usages, à sa religion ; et une pareille renonciation peut passer pour un oubli. C'est aussi de quoi il est question ici ; le but de Circé, comme la suite le démontre, est d'aggréger ses nouveaux hôtes à son église, de les engager à abjurer leurs erreurs, leurs préjugés, leurs principes de religion, pour être INITIÉS à ses mystères : cérémonie religieuse accompagnée de rudes épreuves, mais qui, étant une espèce de MORT CIVILE, et DE RÉGÉNÉRATION spirituelle, est sous ce rapport un OUBLI DE LA PATRIE. Nous verrons bientôt que Circé appelle Ulysse et ses compagnons à leur retour de l'enfer où ils avoient été initiés, DISTHANÉES, *deux fois morts.*

Ces esprits grossiers n'ayant pas goûté cette salutaire prédication, la déesse les a bannis de la société élysienne, les a traités comme des sauvages, comme des hommes qui, avant la civilisation semblables à des pourceaux, ne mangoient dans nos contrées que du gland, des gousses et des herbes, et n'avoient pour demeures que des cavernes ou des espèces d'étables. Il est vrai que le poëte, par suite de son récit allégorique, peint cette métamorphose presque comme réelle. Mais il a soin de détromper le lecteur en disant, vers 283, que les grecs ne furent reclus que COMME (1) des porcs, ὅστε σύες.

Ulysse ayant eu avis du sort de ses compagnons, vole à leur secours : mais Mercure, interprete des volontés des dieux, vient à sa rencontre. C'est Mercure avec sa VERGE D'OR (2), instrument symbolique d'une persuasion douce et sage. Ce dieu lui donne une plante (3) pour antidote contre le breuvage de Circé, et lui conseille d'accepter la proposition qu'elle lui fera. Entendons par là qu'Ulysse ayant mûrement réfléchi sur l'aventure de ses compagnons, et ayant, comme par inspiration divine, senti toute la sainteté des procédés de Circé, s'est avancé avec la ferme intention de passer par les épreuves. En conséquence, arrivé près de la déesse, il vuide franchement la coupe qu'elle lui présente, et, touché de sa baguette, c'est-à-dire,

---

(1) Par ce seul mot COMME, Homère fait voir que cette métamorphose est une allégorie. Pope déclare d'une manière positive *qu'il croit à la magie*. La baguette de Circé fait penser à Madame Dacier que tous les Magiciens sont des singes de Moïse, et qu'ils lui ont dérobé sa verge. M. Bitaubé dans ses notes.

(2) La verge est l'emblème de la discipline, de la police, de la sagesse administrative.

(3) Isocrate et d'autres disent qu'ici Mercure est la *raison*, et la plante qu'il donne, l'*industrie*, la *sagesse*.

Contraste insuffisant

NF Z 43-120-14

sommé de se déclarer, il tire son épée et se met en posture, comme s'il s'agissoit de combattre. La déesse, frappée de cette condescendance héroïque et fléchissant les genoux, comme pour rendre graces à la providence de la conversion d'un personnage aussi important, invite le roi d'Ithaque à PARTAGER SA COUCHE. Ulysse, fidèle aux avis de Mercure, c'est-à-dire, AUX AVIS D'UNE CONSCIENCE ECLAIRÉE PAR LE SECOURS DES DIEUX, accepte la proposition avec empressement.

C'est ici qu'on crie au scandale et à l'immoralité. On croit qu'il s'agit réellement d'un commerce criminel. Mais, en mettant à part tout ce qu'on vient de dire sur le caractère de Circé, la saine raison permet-elle de supposer un dessein impur, tant dans l'un que dans l'autre personnage ? Peut-on présumer qu'un homme tel qu'Ulysse, qui, après son départ de l'île de d'Æa arrivé dans l'île de Calypso, résiste, pendant sept ans entiers, à toutes les invitations, à toutes les tentatives de cette déesse, et qui réfuse de sacrifier la foi conjugale aux prix même de l'IMMORTALITÉ, se sera rendu ici lâchement aux desirs voluptueux de Circé sans la moindre résistance ? Et Circé, en la prenant pour une femme réelle, auroit-elle été dans cet âge propre à sentir et à exciter une pareille passion ? Nous voyons cette déesse figurer, au temps des Argonautes, comme au temps d'Ulysse, elle devoit donc, depuis longtemps, avoir passé l'âge de l'amour et des passions (1).

Mais une considération, qui n'aurait dû échapper à personne, c'est que, d'après la tournure que prend cette affaire, il est impossible de supposer une pareille intention dans Circé. En effet, si le cœur d'Ulysse eut été pour elle une conquête, loin de la devoir au *pouvoir de ses enchantemens*, elle en auroit été redevable, au contraire, à leur IMPUISSANCE. C'est leur insuffisance, causée par l'antidote de Mercure, qui lui auroit procuré cette bonne fortune. Car, sans cela, ses prestiges auroient sans doute produit le même effet sur Ulysse, qu'ils avoient produit sur ses compagnons; et le héros grec, au lieu de partager la couche de la déesse seroit allé partager, près de ses compagnons, une place dans l'étable. Il ne s'agit donc pas ici d'un mariage réel, mais d'un mariage symbolique. Ulysse, inspiré par Mercure, écoute pieusement l'invitation et la doctrine de Circé. Frappé de sa baguette, c'est-à-dire invité à renoncer aux erreurs de sa patrie, pour embrasser et DÉFENDRE la nouvelle foi, il tire son épée en signe d'adhésion, et l'élève comme un instrument, avec lequel il

---

(1) Il y a des auteurs qui, frappés de ces circonstances, ont supposé qu'il y a eu deux Circés; mais cette supposition est non-seulement dénuée de toute preuve, mais directement contraire au texte des Argonautiques et de l'Odyssée.

est prêt à combattre pour elle. En contemplant Ulysse dans cette situation, on croit voir les pieux polonais se lever et tirer leurs sabres, au chant de l'évangile, pour montrer leur dévouement à la religion. C'est, dans le même esprit, que les catholiques se levent à la lecture de l'évangile.

Circé convaincue, par cet acte de dévotion héroïque, de l'heureuse disposition du monarque grec, l'invite à s'agréger à sa communion et à devenir l'ÉPOUX SPIRITUEL DE L'ÉGLISE.

Ulysse ainsi fiancé à la République élysienne et destiné à l'initiation, jouit dans l'intervalle, pendant son séjour à l'île d'Æa, de tout ce que les quatre saisons procurent de précieux dans un pays *sagement gouverné.* C'est ce qu'indique le repas somptueux servi par les quatre nymphes de la déesse.

Gebelin (1), quoique partant d'un mauvais principe, a deviné le sens de ce symbole. " Cette " divinité, dit-il, en parlant de Circé, est servie " par quatre nymphes, dignes des vœux des " mortels, et qui ont soin du palais de la déesse : " ce sont les QUATRE SAISONS. On diroit que " les fonctions dont elles s'acquittent dans l'O-" dyssée, ont été tracées d'après le tableau des " quatre saisons."

" La première, ou le PRINTEMPS, étend un " tapis admirable ; la seconde, où l'ÉTÉ, porte

---

(1) Monde primitif, tom. 4, pag. 467.

» des corbeilles d'or, la troisième verse le vin ;
» la quatrième allume du feu ; et comme pour
» nous donner le mot de l'énigme, le poëte nous
» assure qu'Ulysse demeura dans cette île une
» année entière, et qu'il n'en partit que lorsque
» les quatre saisons furent révolues. »

La raison pour laquelle Ulysse reste une
année entière dans l'île, c'est que c'étoit l'espace de temps prescript pour la préparation des can-
didats à l'initiation aux mystères. Il reçoit de la
déesse des vêtemens précieux ; ces présens sont
le symbole des connoissances qu'il acquiert dans
cette République de sages. Il est enfin mis aux
bains ; la *purification* étoit nécessaire pour être
admis aux initiations.

Le terme du noviciat étant révolu, la déesse
avertit son hôte qu'il est temps de passer dans
l'enfer pour assister aux cérémonies religieuses
des mystères. A cette proposition, Ulysse pa-
roit effrayé et fond en larmes : Comment !
dira-t-on, Homère fait PLEURER un héros, qui
a mille fois affronté la mort devant les murs de
Troie ! Cet acte d'humiliation tenoit à l'esprit
des mystères : pour mériter les faveurs de l'initiation, la religion commandoit un cœur con-
trit et humilié, *cor contritum et humiliatum* ; les
larmes d'Ulysse n'étoient pas des larmes de foiblesse, c'étoient des larmes de piété, de dévotion et de pénitence.

Cette interprétation coule comme de source,

l'histoire d'Ulysse se concilie parfaitement avec le caractère emblématique de Circé ; le sujet est, en tout point, d'accord avec la nature de la chose. Nous verrons que le même accord règne dans les explications que nous allons donner de l'enfer, et de la descente d'Ulysse dans ce lieu sacré.

De l'Enfer où île des Bataves : différentes acceptions du mot HEL, ENFER : *nature de* Pluton : *pourquoi nommé Protoparent de la nation gauloise.*

Nous avons vu que l'enfer d'Homère est l'île des BATAVES. HEL, HELLE (1), en allemand HÖLLE signifie *enfer*. Ile des Bataves, et île de HEL-LAND, HOLLAND, PAYS D'ENFER sont identiques. Cette île est entourée des eaux de l'HEL ou HELIUM, fleuve de l'enfer : le lieu de l'entrée s'appelle HELVOET, PIED DE L'ENFER. Ainsi rien ne manque du côté de la propriété des noms.

HEL signifioit aussi anciennement SEPULCRUM, *tombeau* (2). L'enfer étoit le cimetière des fidèles de la République élysienne.

HEL, HELA, en cimbrique, en islandais, et

---

(1) HEL, HELLE, en allemand HÖLLE : *infernus, inferorum sedes*, l'empire de Pluton selon les anciens. Ten Katé, tom. 2, p. 208.

(2) Notre vieux mot BÉL, HÉLLE, en ang. sax. HELLE, sepulcrum, lieu où l'on cache les morts. Ten Kate, eod.

dans la mythologie celtique signifie MORT (1),
c'est dans l'enfer que Minos jugeoit les MORTS,
c'est sur leurs tombeaux qu'on évoquoit leurs
ombres.

La racine du substantif HEL est le verbe HE-
LEN, *celare*, *cacher*. C'est du même verbe que
vient HOLEN, VERHOLEN, *mystérieux*, VERHO-
LENTHEID, *mystère*. C'est dans l'enfer qu'on
initioit aux mystères.

C'est dans l'enfer, qu'en commençant la cérémonie de l'initiation, on faisoit des sacrifices
SANGLANS pour les MORTS. C'est de là que l'enfer passe pour être l'empire de PLUTON. Ce
dieu est l'emblème des sacrifices accompagnés
d'effusion de sang. PLUT (2), dont son nom est
formé, en allemand BLUT, en flamand BLOED,
signifie SANG. On trouve PLUT dans cette acception à la tête des termes teutons de la Crimée
taurique rapportés par le baron de Busbec.
PLUTEN, ou PLUTON, car anciennement on con-
fondoit les terminaisons EN et ON, est le même
que BLOTEN ou en suédois BLOTA ; or BLOTEN ou
BLOTA (3) signifie SACRIFIER ; EXERCER LE CULTE

______

(1) En cimbrique et en islandais HEL, lethum. Ten Kate, eod.
(2) PLUT, *sanguis*, BLOTS apud Ulphilam, idem. Ihre,
in prœmio, pag. 6.
(3) BLOTA cultum divinum peragere, sacrificare. Ihre, hoc
verbo.
PLOT vel BLOT sacrificium est. Keyser, antq. sept. p. 76.
Plutonem volunt sepulcrorum, funerum, atque bonorum
qui mortuis impenduntur, usum introduxisse, cum antea

RELIGIEUX. Tous les auteurs que j'ai lus, dit Ihre, font dériver le verbe BLOTA de BLOD, SANG. C'est dans la maison de Pluton, IN DOMO PLUTONIS, comme nous le verrons, qu'Ulysse fait des sacrifices avec effusion de SANG.

Homère se sert du mot AIDÈS pour exprimer ENFER; ce terme renferme en grec les mêmes acceptions que le mot HEL; on n'a qu'à ouvrir le lexique de Schrevelius, on trouvera au mot *aidès* qu'il signifie tout à la fois ORCUS, INFERI, MORS, SEPULCRUM, PLUTO.

Pluton étant l'emblème des sacrifices funéraires et du culte, pour tout ce qui a trait aux devoirs rendus et aux cérémonies consacrées aux morts, il est conséquent qu'en idiôme mythologique, il soit devenu le dieu du lieu consacré à ce culte et à l'inhumation des morts. C'est sous ce rapport que Pluton est le Protoparent des gaulois : le berceau d'une nation est le lieu où REPOSENT LES CENDRES DE SES PÈRES. L'enfer qui étoit ce lieu, se trouve à l'extrémité de la Gaule, là se trouvoient les *limbes* des patriarches gaulois, *limbi patrum*. LIMBUS signifie EXTRÉMITÉ, FRONTIÈRE.

Comme le culte religieux, dans l'empire de Pluton, se faisoit durant les ténèbres de la nuit et qu'ainsi les nuits étoient spécialement consa-

---

nulla earum rerum apud mortales esset consuetudo ; quæ causa extitit, *ut vita functis dominari existimaretur*, antiquitate illi hujus curæ principium tribuente. Diod. sic. pag. 465.

crées à la religion, il en résulte que les gaulois ont eu raison de donner la préférence aux nuits sur les jours, et d'attribuer à leur descendance de Pluton l'usage de compter la division du temps par nuits. Nous ne tarderons pas à voir que la grande cérémonie de l'initiation aux mystères se faisoit dans la *nuit du solstice d'hiver* et que de cette nuit, appelée la NUIT MÈRE, les gaulois commençoient la supputation de l'année.

L'île des bataves étant consacrée au culte religieux et au dépôt des morts, cette destination la rendoit SAINTE. Nous avons vu que *helen*, *heilen* signifie *sanare*, *guérir*, et qu'on en dérive *heil*, SALUT, *heilig*, SANCTUS. *Helland* ou *Holland* signifie donc PAYS SAINT. Les anglais, encore de nos jours, appellent la Judée HOLYLAND, TERRE SAINTE.

Avant de passer à l'initiation d'Ulysse, il est bon de justifier ce qu'on a dit plus haut, qu'on trouve encore dans l'île des bataves des traces des principaux lieux qui ont rendu l'enfer des anciens si célèbre. Les poëtes ont particulièrement chanté le tribunal de Minos, la demeure des parques et l'ASPHODELE, lieu où Mercure conduisoit les morts.

Tribunal de Minos.

C'est dans l'enfer que Minos jugeoit les morts; on n'accordoit à personne les honneurs de la sépulture qu'après en avoir été jugé digne. Plusieurs écrivains ont reconnu une conformité entre le *Minos* des grecs, le *Mannus* des germains, et le *Menas* des égyptiens ; il sera clairement démontré par la suite que le nom primitif est MANAS, terme qui, à la lettre, signifie HOMME-DIEU, et qu'on emploie par conséquent pour désigner un grand juge ou chef de nation.

L'itinéraire d'Antonin le pieux, dans la description qu'il donne des voies militaires de la Hollande, fait mention d'u n endroit nommé MANNARITIUM, ou MANNARICUM, situé dans l'île des bataves ; Cluverius et la plupart des géographes, dit Menson Alting, reconnoissent ce Mannaritium dans MAURIK, anciennement MANRIK, village situé sur la rive gauche de la petite rivière la Leck, qui traverse l'île des bataves (1). Tout homme instruit dans la langue du pays, sait que MAN-RIK veut dire JURISDICTION de MAN ou MANAS. RIK signifie RÈGNE, JURISDICTION. Ulysse dans son initiation, voit MINOS ou MANAS administrer la justice aux morts.

Les Parques : leur nature : leur ancien nom.

Les parques étoient des femmes qui FILOIENT

---

(1) Itinerarium, quod Antonini vulgo dicitur, habet iter à Lugduno ad Argentoratum ; et in hoc, quartô locô MANNARITIUM, in Batavorum insula. Cluverius et alii plerique geographi ex Mannaritio fecerunt MANRIK vicum ad lævam Leccæ ripam, quasi MAURIK quondam dictum. Menson Alting, Germania inferior antiqua, pars I, pag. 91.

les jours des mortels. A ce trait on juge aisément que cette fable ne peut appartenir qu'à un pays où l'art de filer étoit en plein exercice.

Il n'existe pas de pays où l'on trouve des traces si marquantes de l'ancienne existence des fabriques de lin et de laine que dans l'île des bataves ; on y remarque distinctement les noms des lieux où cette manufacture étoit en vogue. Tels sont SPINGIOM, HEUKELOM, ASPER, et WORKOM. Les trois derniers subsistent encore, SPINGIOM est marqué dans l'itinéraire d'Antonin, sous le nom de CASPINGIOM, il doit avoir été situé dans la proximité des autres.

SPINGIOM vient de SPINNEN, *FILER*, HEKELOM de HEKELEN (1), *SÉRANCER*, ASPER de ASPEREN OU ASPELEN (2), *DÉVIDER*, et WORKOM de WORKEN, WERKEN, *TRAVAILLER*, *TISSER* : HOM, le même que HEM et dont les anglais font usage, signifie *MAISON*. Ces différens noms annoncent donc des maisons, où atteliers où l'on SÉRANÇOIT, FILOIT, DÉVIDOIT et TISSOIT le lin et la laine. Ces lieux sont arrosés par une rivière nommée la LINGE, quelques auteurs dérivent son nom de LIN, sous prétexte que son cours étant presque droit, paroît ressembler à un fil de lin ; mais cette étymologie n'est pas admissible, car quoique la Linge ser-

---

(1) *Hekelen*, sérancer, habiller du chanvre ou du lin. Halma, dict.

(2) *Haspelen*, dévider, mettre sur le dévidoir, idem.

pente moins que la plupart d'autres rivières, son lit ne présente rien moins qu'une ligne droite.

Il est cependant apparent que son nom a du rapport au lin ; on l'aura nommé LINGE parce qu'elle aura servi au BLANCHISSAGE DU LINGE. Ce qui fortifie cette conjecture c'est le nom d'une autre petite rivière de l'enfer qui est aussi relatif au LIN ; cette rivière est la ROTTE dont *Rotterdam* a emprunté son nom. Le mot ROTTE OU ROOTE (1) veut dire une eau dans laquelle on rouit le lin.

Les argonautes étant arrivés dans le domaine de Circé , furent introduits dans les appartemens de son palais , tendus et ornés de TOILE , *tertia lux tandem perduxit in atria Circes* LINTEA : C'est bien clairement indiquer que la fabrique des toiles florissoit dans ce pays.

On ne s'étonnera pas de trouver dans la basse Gaule l'invention de ces précieuses fabriques ; lors qu'on fera attention avec quel succès elles y ont été reprises ou pour mieux dire ressuscitées depuis plusieurs siècles. L'esprit des anciens élysiens à cet égard a passé comme un héritage à leurs descendans (2). Les principales

______

(1) RÓTTE, ROOTTE *fossa in qua linum maceratur.* Duquel notre RÓTTEN *putrescere* et notre RÓTTEN, ROTEN, *macerare linum ut computrescat cortex.* Ten Kate, tom. 2, p. 686.

(2) Plato, in convivio dicit, quod texendi artificium Minerva invenerit.

nations de l'Europe sont redevables de leurs manufactures de laine aux ouvriers de la Belgique. Pour honorer et encourager la fabrique des draps, qui florissoit éminemment de son temps Philippe le Bon a institué l'ordre de la toison d'or. Les législateurs élysiens avoient honoré cette branche d'industrie en mettant à la tête du Zodiaque le Belier à TOISON D'OR.

Les fabriques de lin et de laine sont des objets de première nécessité ; l'homme , dans nos climats, a besoin de se vêtir , comme il a besoin de se nourrir. Lorsqu'au moyen d'une réunion sociale le peuple élysien fut parvenu à substituer à la nourriture sauvage de glands , d'herbes et de gousses, l'usage du pain et des alimens sains et agréables , il a dû porter aussi ses vues vers des inventions capables de lui procurer de vêtemens décens et dignes de lui , en remplacement de ces habits grossiers faits de feuilles et d'écorces d'arbres ou de peaux de bêtes. On aime à se persuader que le peuple dont le génie a fait éclore toutes les sciences et les usages salutaires , aura aussi trouvé le secret de se procurer un objet si nécessaire.

Les anciens pontifes et les sacrificateurs étoient, durant leurs fonctions vêtus de lin : c'est l'étoffe la plus pure , elle est par sa blancheur l'emblème de la pureté.

Les trois parques , nommées par les grecs CLOTHO, LACHÉSIS, ATROPOS, dont les fonc-

tions sont consignées dans ce vers latin *Clotho
colum retinet, Lachesis net, Atropos occat;* ont
des noms très-expressifs dans l'Edda. On les
y appelle URD, VERANDE et SKULD; ou ce qui
revient au même, WIERD, WESENDE et ZULLENDE;
trois termes des verbes flamands WESEN et WOR-
DEN, *ÊTRE* et *DEVENIR*: WIERD exprime le *PASSÉ*,
WESENDE le *PRÉSENT* et ZULLENDE le *FUTUR*.
Les parques étoient les symboles de cette grande et célèbre division du temps; le fuseau filoit
le cours entier de la vie humaine.

Atropos ayant coupé le fil, ou en d'autres
termes l'homme étant mort; il falloit dérouler
le FUSEAU, et DÉVIDER le fil de ses actions
pour pouvoir les juger : c'est cette ingénieuse
fiction qu'Homère nous retrace au commencement du dernier livre de l'Odyssée.

Asphodele : origine du nom.

Mercure, dit Homère, conduisoit les morts
en enfer et les consignoit dans la vallée ou
prairie d'Asphodele.

Le terme Asphodele, insignifiant en grec, a
été diversément interprété; les uns croyant qu'il
renfermoit une qualité propre à des prairies,
l'ont traduit par le mot HERBOSUM, comme pour
dire une prairie abondante en herbes, et telle
est la version latine des poëtes grecs. D'autres se
sont imaginés qu'Homère vouloit désigner une
prairie qui produisoit des plantes fleuries, ap-
pelées ASPHODELE.

Mais de pareilles conjectures n'offrent pas l'intérêt que suppose la nature des termes spécialement consacrés aux plus grands mystères. Asphodele étoit aux enfers le dépôt des morts pour y être jugés ; concluons-en avec confiance que le sens du mot doit avoir des rapports avec cette cérémonie sacrée.

Asphodele est un mot un peu altéré de ASPEL-DELE ; et celui-ci signifie littéralement VALLÉE DU DÉVIDOIR, ou en d'autres termes, vallée où l'on DÉROULOIT LE FUSEAU de la vie des morts, pour décider s'ils étoient dignes des honneurs de la sépulture. C'étoit là l'attribution du tribunal de Minos. DEL, DELE, DAL, DAEL (1), signifie lieu bas ou *VALLÉE*. Les anciens, comme on a observé, plaçoient le tribunal des morts dans une *vallée*.

A côté d'ASPER, qui vient de ASPEREN, ou ASPELEN (2), *DÉVIDER*, se trouve un village nommé DELEM. Ces deux noms réunis donnent

---

(1) DELLE, DAL, *vallis*. Kilian, dict.

(2) On ne trouvera pas de difficulté pour admettre ici l'identité entre ASPER et ASPEL, lorsqu'on considère que dans nos dialectes les lettres R et L s'échangent fréquemment ; il y a plusieurs mots qui prononcés en Flandres avec une R se prononcent en Brabant avec une L. Ce changement se faisoit sentir aussi dans l'ancien temps ; Plutarque l'attribue à la conformation de la langue. Ceux, dit-il, DANS LES DEMANDES DES CHOSES ROMAINES, qui ont la langue grasse prononcent ordinairement L pour R.

précisément ASPELDELE , et rappellent visiblement l'ASPHODELE de Mercure.

Il est essentiel de faire ici une observation sur le terme dont Homère se sert pour désigner les morts que Mercure conduit à ASPHODELE. Il ne les appelle pas IMAGES DES MORTS, et encore moins VAINES IMAGES DES MORTS comme le prétend madame Dacier, mais IMAGES D'HOMMES FATIGUÉS , *simulacra defessorum (eidôla kamontôn)*. Pour sentir la force de cette expression, on n'a qu'à considérer qu'on traduisoit les hommes morts au tribunal des mœurs , dans un temps où leurs corps présentoient encore L'IMAGE D'HOMMES VIVANS, mais ressemblans à des hommes rendus immobiles par la FATIGUE : on ne pouvoit les juger que dans le moment où la figure constatoit encore l'identité de la personne , et on n'attendoit certainement pas jusqu'à celui où la putréfaction auroit rendu la présence du cadavre insupportable et méconnoissable.

Nous avons , pour désigner avant leur inhumation les hommes morts , conservé dans notre langue le même nom qu'Homère rend ici en grec. Du moment qu'un homme a rendu le dernier soupir on l'appelle LYK (1), mot formé de LYKEN, GELYKEN, *ressembler*, il veut dire un corps qui RESSEMBLE encore à un homme

____

(1) LYCK, *funus, cadaver hominis.* LYCKEN, *gelyken*, assimilare. Kilian , etym. ling. teut.

vivant, une IMAGE d'homme, mais qui paroît immobile de lassitude, (EIDÔLON KAMONTOS).

Pour se former une idée des rits et des cérémonies qu'on observoit dans le jugement des morts en enfer, on peut s'en rapporter au récit que D iodore de Sicile, fait de ceux observés en Égypte, dont nous allons bientôt rendre compte.

Nous parlerons plus amplement des parques ou *fileuses*, à l'article des SPHINX qui tirent leur nom de la même source. Il s'agit maintenant de détailler les aventures d'Ulysse pendant son séjour en enfer.

Ulysse aux Enfers.

Ulysse en quittant l'île d'Æa, pour passer dans l'enfer, fait conduire son vaisseau IN MARE DIVINUM. C'est comme s'il eût dit dans la mer d'HELIUM, HELISSE ZEE, *MER SAINTE*. Les grecs s'embarquent tristes et fondant en larmes, *conscendimus tristes et uberes lacrimas profundentes* ; c'est une marque qu'ils étoient bien préparés pour la cérémonie de l'initiation. Circé leur procure un vent favorable, et dans cet endroit Homère lui donne le titre de GRAVE DÉESSE AU HAUT TON, (DEINÉ THEÓS AUDÉESSA) : cette dénomination étoit proprement adaptée au sujet ; Circé COMMANDOIT, et dirigeoit ici l'acte le plus GRAVE, et le plus sacré de l'ancien culte. Partis le matin, ils arrivent après une COURTE journée de

navigation au bout de l'océan à une cité où demeurent DES CIMMÉRIENS PLONGÉS DANS D'ÉTER-
NELLES TÉNÈBRES. Il est inutile de répéter ce qu'Homère entend par ces ténèbres cimmériennes.

Circé avoit prévenu Ulysse de débarquer dans
un endroit où il auroit aperçu des bois consacrés
à Proserpine, pleins de grands AUNES et de vieux
SAULES : *Nemora Proserpinæ longæque alni et salices
frugiperdæ :* Il n'y a pas d'arbres qui annoncent
mieux l'enfer et le cimetière des bienheureux, BEA-
TORUM *sedes*, que les AUNES et les SAULES. Les
premiers portent le nom d'ENFER ; ELS-HOUT, ou
HELS-HOUT. *Bois d'aune* veut dire BOIS D'ENFER ;
SALIX, *saule*, peut venir de SALIG, *beatus*. On
emploie encore les saules sur les lieux des sépultures, comme emblêmes de deuil ; car ils ont généralement tous un air triste. Il y en a dont les
menues branches et les feuilles PENDANTES semblent
verser des larmes, et qu'on appelle, pour cette
raison, des SAULES PLEUREURS ; rien de plus propre
à décorer une scène lugubre.

Après avoir mis, dans cet endroit, leur vaisseau
à sec et débarqué les victimes, Ulysse et ses compagnons coururent le long du rivage jusqu'à la
DEMEURE OBSCURE DE PLUTON, *in Plutonis domum
obscuram*, qui étoit le sanctuaire des mystères. Les
anciens sanctuaires étaient primitivement des lieux
obscurs ; on les appelloit ANTRES. C'étoit dans un
ANTRE que les Perses célébroient les mystères de
Mitras. Remarquons que le mot ANTRE, en hollan-

dais, se rend par le mot HOL. HOL-LAND, pris du sens symbolique de HOL, voudroit donc dire PAYS DE MYSTÈRES. Il y a des auteurs qui font aussi dériver HOLLAND de HOL ; mais en prenant HOL pour *creux*, comme pour dire un pays creusé par les eaux. C'est cet endroit qui étoit consacré aux cérémonies des mystères ; c'est là où se trouvoit la forteresse (*Petra*): et la cascade des eaux de l'enfer, dont nous avons parlé plus haut. Un murmure continuel d'eau, dont l'effet naturel est d'exciter une sensation mélancolique, ne convenoit pas moins à la destination de ce lugubre lieu, que l'aspect triste et funèbre des saules.

C'est ici qu'Ulysse s'arrête et commence ses exercices de piété.

Premier Sacrifice d'Ulysse ; Culte des Reliques ; invocation des Saints.

Circé avoit prescrit comme un premier devoir à Ulysse de faire, à son arrivée dans l'enfer, des libations aux trépassés, de prier ardemment les *crânes inanimés des morts* (AMENÉNA KARÉNA (1) : et de leur promettre, à son retour à Ithaque, des sacrifices d'un grand prix.

Conformément à ces ordres Ulysse, parvenu jusqu'au sanctuaire, commence par creu-

____

(1) Multa verò precare mortuorum imbecilla capita (*nekéon amenénà kàréna*) Odyssea, lib. x. v. 521.

ser une fosse , autour de laquelle il fait des effusions de différentes liqueurs à tous les morts , *omnibus manibus*. Durant le sacrifice , il adresse de ferventes prières *aux crânes inanimés des morts*, et promet qu'à son retour à Ithaque , il leur sacrifiera la plus belle de ses génisses et d'autres objets précieux.

Les prières et les vœux addressés *aux peuples des morts* étant finis , Ulysse passe aux sacrifices sanglans (1).

Pour bien comprendre ce premier acte de l'initiation , il est nécessaire de peser attentivement les termes donc Homère fait usage.

Par CRÂNES INANIMÉS , car c'est ainsi qu'il faut interpréter AMENÉNA KARÉNA , Homère entend des CRÂNES décharnés , des ossémens , en un mot des reliques de grands personnages , car , immédiatement après , en rappelant les mêmes CRÂNES , il les appelle des ILLUSTRES PEUPLES OU GENTILS (KLUTÂ ETHNEA) (2). C'étoient des ossemens ou restes mortels d'illustres personnages qui s'étoient distingués par leurs talens , par la sainteté de leurs mœurs et par des

----

(1) Hos postquam votis precibusque gentes mortuorum (*te ethnea nekroôn*) precatus sum. Odyssea lib. XI. versu 34.

(2) Cæterum postquam precibus oraveris inclyta *exanima* mortuorum (*klutà ethnea nekroôn*). Odyssea. lib. X. versu 526.

Après ces prières et ces vœux addressés AU PEUPLE SACRÉ DES MORTS. Version de Mr. Bitaubé.

services rendus à la république. On exposoit le charnier sacré de ces reliques dans le sanctuaire à la vénération et au culte des initiés. Ulysse leur fait des libations, invoque leur protection pour un heureux retour dans sa patrie, et leur promet, en actions de grâces, de nouveaux hommages et des sacrifices à Ithaque. Tout ceci bien médité, bien combiné, démontre clairement que le culte des saints étoit un des dogmes reconnus dans la religion des Atlantes.

La descente d'Ulysse aux enfers étant regardée comme une fiction poëtique sans but, et sans intérêt, il n'est pas surprenant que les interprètes ne se soient guère attachés ici à la propriété des termes. On peut juger même par les passages que nous transcrivons dans les notes, que la version latine, quoique littérale, n'est pas exacte : le mot EXANIMA, *inanimés*, dont on se sert Odys. liv. x. vers 526 pour traduire ETHNEA, PEUPLES, est impropre et déplacé, il devroit se trouver au vers 521 pour remplacer le mot IMBECILLA. Dans ce cas la traduction porteroit *exanima capita* ; ce qui exprime exactement le grec AMENENA KARENA, *crânes inanimés*.

Madame Dacier prend les crânes inanimés pour des *ombres* "j'adressai mes vœux à des *ombres*," fait-elle dire à Ulysse. Cependant elle aperçoit que cette idée présente un contre-sens. « Comment, dit-elle, Ulysse adresse ses

» vœux aux ombres, avant qu'elles paroissent et
» qu'elles puissent l'entendre ? à moins, ajoute-t-elle,
» qu'on ne veuille inférer de ce passage qu'Ho-
» mère a cru que les âmes des morts entendent
» sans être présentes.

Il ne s'agit pas encore ici des ombres ; le
spectacle nécromantique ne commence qu'après
les sacrifices avec effusion de sang. Homère
d'ailleurs n'a pas cru que même les ombres
présentes, vues par Ulysse dans l'initiation, fussent douées d'entendement : nous verrons à l'instant en quoi ces ombres consistent. Ici le poëte
a voulu nous apprendre que c'est un pieux usage de vénérer les dépouilles mortelles des BIEN-
HEUREUX ; que les prières qu'on leur adresse
sont entendues et qu'elles sont de nature à pouvoir procurer aux hommes des secours même
TEMPORELS.

*Évocation des morts ; explication du mot Erèbe ;
instruction qu'Ulysse reçoit de l'oracle Tirésias.*

Après avoir rendu ses hommages aux reliques
des illustres élysiens, Ulysse prend les victimes
qu'il avoit amenées, et les égorge sur la fosse.
Le sang coule à gros bouillons, et dans l'instant les ombres sortent de toutes parts de
l'*Erèbe* et se pressent autour de la fosse.
On aperçoit pêle-mêle dans la foule des jeu-
nes gens, des vieillards, des guerriers couverts
de blessures et dont les armes étoient encore

teintes de sang. C'est ici l'ouverture du spectacle nécromantique : une tumultueuse apparition de tant de spectres avoit certainement de quoi épouvanter le plus intrépide spectateur. C'étoit une des ÉPREUVES auxquelles on soumettoit les INITIÉS. Ulysse ne fait point scrupule d'avouer qu'il en a été saisi de frayeur ; *me verò pallidus timor cepit.*

Comme on a toujours cru entrevoir du surnaturel dans toutes ces scènes, on a eu recours aux systêmes les plus singuliers pour en rendre quelque raison apparente : on a supposé que l'âme, qui cependant est l'être le plus simple possible, avoit une double essence ; on la disoit composée d'un corps subtil, et de ce qu'on appelle entendement ou esprit. Le corps subtil étoit la partie MATÉRIELLE, et l'entendement ou esprit la partie spirituelle. Il se faisoit après la mort une séparation de ces deux parties : le corps subtil, qui n'étoit proprement que l'IDOLE, ou l'image du corps terrestre, descendoit aux enfers ; et l'entendement ou l'esprit montoit au ciel. On vouloit, par cette distinction, faire comprendre comment il se présente ici des ombres avec des blessures ; ces cicatrices, disoit-on, ne paroissoient que sur le corps subtil de l'âme. Loin de nous ces subtilités métaphysiques, auxquelles le poète n'a jamais songé, et qui ne sont qu'un véritable galimathias ; il n'y a rien de surnaturel dans toute cette scène religieuse. Les prêtres élysiens n'étoient pas plus sorciers que Circé, ni plus nécromanciens que les fantasmagoristes de nos jours. Les esprits qu'ils faisoient paroître aux yeux d'Ulysse, n'étoient que des ombres factices à l'instar des ombres chinoises; c'étoient des images de morts formées par un mélange artificiel d'ombre et de lumière. Homére les appelle plusieurs fois EIDOLA, *images, ressemblances*; il amène même une circonstance pour faire sentir expressément que ces images ne consistoient qu'en figures d'OMBRES. Elle se présente dans l'entretien qu'Ulysse eut avec sa mère : « Je voulois, dit-il, embrasser » l'âme de ma mère ; trois fois je m'élançai vers » elle, et trois fois elle échappa de mes mains » comme une OMBRE, *ad instar umbræ* (SKIÉ » IKELON). »

Mais ce qui ne laisse aucune incertitude sur ce point, c'est que Circé même avertit Ulysse que ce ne seront que des ombres qui l'entoureront (1).

Les élysiens usoient de ce spectacle innocent et religieux pour inculquer, par des moyens qui frappent vivement les sens, dans les esprits grossiers de leurs fidèles, les dogmes de l'immortalité de l'âme, de la récompense et de la punition après la mort.

Ulysse voit sortir ces ombres de l'Erébe (ere- bous) ; gardons-nous donc de confondre les termes

______

(1) Ad te vero umbræ (*skiai*) circumvolitabunt. Odyssea, lib. 10, v. 495.

AIDES et EREBOS (1) : AIDES est le cimetière, EREBOS est le lieu des tombeaux. Les morts qu'on évoque, ont l'air de sortir du SEIN DE LA TERRE ; c'est ainsi qu'Homère les fait paroître, et c'est ce qu'il exprime formellement par le mot ERÈBE. Ce mot vient de l'allemand ERBE, en dialecte belgique, ERVE, *terre*.

On n'aperçoit donc ici rien de métaphysique ; on n'a pas besoin de se fatiguer l'esprit par des raisonnemens abstraits, ni d'étaler une vaine théologie, telle que Virgile la met dans la bouche d'Anchise, pour expliquer à son fils Enée les mystères de l'Enfer. Les sages fondateurs de la République Elysienne étoient persuadés que l'idée d'une vie future et d'un Dieu vengeur et rémunérateur, est une vérité que tout mortel trouve au fond de son cœur ; et que, pour tirer toute l'utilité d'un dogme qui est la base du bonheur social, le meilleur moyen étoit de le rendre de temps en temps présent à l'esprit par un spectacle

---

(1) Les scoliastes font dériver communément EREBOS du grec ERA, *terra*, que Reizius identifie avec notre ERD, ERDE.

Bailly, essai sur les fables, tom. 2, p. 254, avoue qu'il ne comprend pas ce qu'on entend par *erèbe*. Le chaos et l'obscurité, selon Hésiode, donnerent naissance à la nuit, qui s'alliant avec l'erèbe enfanta le jour et l'éther. Entendons par là, que la cérémonie religieuse de l'évocation des ombres hors leurs tombeaux, qui se pratiquoit dans la *nuit*, a donné naissance aux lumières de la foi, a procuré aux initiés un nouveau jour, etc.

naturel , imposant, propre enfin à parler au cœur de l'homme le plus simple ou le plus indocile.

'Lorsqu'Ulysse avale le calice que Circé lui présente à sa première visite , et qu'il est touché de la baguette de la Déesse , il tire son épée et se met dans l'attitude d'un guerrier prêt à combattre; nous avons expliqué ce mystère, en disant que c'étoit le symbole de la soumission du roi grec à la communion élysienne, et de l'engagement qu'il prenoit de la défendre avec son épée contre ses ennemis. Fidèle à sa foi , le héros emploie ici cette même épée pour SURVEILLER le sang du sacrifice , et pour en écarter les ombres , jusqu'à ce qu'il ait consulté l'oracle du sanctuaire , il ne COMMUNIQUE avec aucune ombre , tant qu'elle n'a pas donné de preuves qu'elle est DE LA MÊME COMMUNION , en buvant du sang sacré de la victime.

Enfin arrive l'idole de Tirésias , l'oracle du sanctuaire , qu'Homère appelle tantôt roi , tantôt MENEUR du peuple ; il porte dans sa main un sceptre d'or. Tirésias , selon le portrait que Circé en fait , étoit un DEVIN , OU PROPHÈTE AVEUGLE, dont l'esprit et l'entendement demeuroient dans toute leur force. C'étoit le seul être auquel Proserpine eut accordé l'entendement après la mort. Les autres morts n'étoient auprès de lui que des OMBRES (*skiai*) ; aussi l'âme de Tirésias ne sort point de l'Erèbe ; elle ne rentre point , après son entretien avec Ulysse , dans l'Erèbe , mais dans

l'intérieur du sanctuaire, *in domum Plutonis
intus.*

Le sceptre d'or de Tirésias étoit, par opposi-
tion à un sceptre de fer, l'emblème de la dou-
ceur de son régime ; et son état de cécité étoit
le symbole de l'impartialité de ses oracles et de
la justice de ses décisions.

Il est nommé Thébain : l'histoire d'Hercule
nous a appris que ce terme équivaut à celui de
marin ; cela fait présumer que cet oracleét oit
particulièrement consulté par ceux qui, comme
Ulysse, alloient faire des courses sur mer.

Dans sa qualité de devin, Tirésias est nommé
Mantis : la forme et l'acception de ce nom
nous rappellent Rhada-mantus, que nous avons
trouvé dans l'Elysée. On se souvient que Radman
signifie conseiller et devin ; Tirésias va donner
à Ulysse de bons conseils, et lui *révéler* des secrets intéressans sur l'avenir.

On donne à Tirésias une fille nommée Manto,
grande prophétesse, et une des fondatrices de
l'oracle de Delphes (1). Cette circonstance est une
preuve convaincante que l'oracle de Delphes étoit
une filiation de celui de l'Elysée.

Au moment où l'oracle entre dans le sanctuaire,
il reconnoît Ulysse, et prononce l'arrêt des Dieux
sur le sort du roi d'Ithaque. C'est dans ce discours que Tirésias lui donne cette belle leçon,

____

(1) Pausanias, p. 557.

que Circé a tant de soin de lui répéter à son départ de l'île d'Æa : cette leçon est d'être PIEUX et JUSTE. » Vous cherchez les moyens, dit le » divin prophète, d'arriver heureusement dans » votre patrie; mais Neptune (la mer) ren- » dra votre retour dangereux et difficile. Ce- » pendant si vous pouvez vous abstenir et em- » pêcher vos compagnons, à votre arrivée à l'île » de Trinacrie, de toucher aux troupeaux con- » sacrés au soleil, vous pouvez espérer de re- » tourner à Ithaque. Mais si vous y touchez, je » vous prédis que vous périrez, vous, votre » vaisseau et vos compagnons : que si cependant, » par une indulgence particulière des Dieux, vous » échappez à ce danger, vous ne retournerez » chez vous qu'après avoir essuyé les plus grands » malheurs. » L'hiérophante lui donne encore d'autres avis salutaires, et finit par dire qu'en se conformant à ses conseils, il parviendra à une extrême vieillesse, exempte d'infirmités, et qu'à sa mort il laissera ses sujets heureux.

Cet oracle nous apprend que la Religion Ely-sienne établissoit le dogme des peines et des ré-compenses TEMPORELLES, ainsi que la doctrine qu'il n'y a pas de péchés absolument *irrémis-sibles.*

Le simulacre ayant été retiré dans l'intérieur de l'antre sacré, Ulysse commence ses entretiens avec les ombres.

Entretien d'Ulysse avec sa mère : Preuves que l'Enfer est situé à l'occident de l'ancien monde, sous un air nébuleux et séparé de la Grèce par l'Océan.

La première entrevue d'Ulysse est avec l'ombre de sa mère : on voit avec un vrai plaisir la tendresse maternelle et la piété filiale qui règnent dans cet entretien. Mais ce qu'on y remarque d'intéressant, c'est le passage qu'on a déjà relevé, qui donne des lumières si positives sur le lieu de la scène.

L'ombre, après avoir bu du sang sacré, reconnoît à l'instant son fils ; et comme si elle était stupéfaite de la voir si loin de Troie et d'Ithaque, et dans des lieux si inconnus, elle lui adresse les paroles suivantes : " Comment, mon fils, " êtes-vous venu sain et sauf dans ce climat OCCI- " DENTAL, NÉBULEUX, (*ZOPHON ÉÉROENTA*); car " il est difficile aux hommes (de votre pays) de " le voir, attendu qu'il en est séparé par de " GRANDS FLEUVES et par une immense étendue " d'eaux, surtout PAR L'OCÉAN, qu'on ne sauroit " traverser qu'au moyen d'un très-bon vaisseau, " *nisi quis habuerit bene compactam navem.* "

Voilà à la lettre le sens de ce discours ; il est simple, naturel, et tel que, dans notre système, le demande la nature du sujet. En effet, dans l'hypothèse que la mère d'Ulysse se trouvât, par l'effet d'une féerie poétique, transportée de la

Grèce sur les bords du bas-Rhin, quel autre langage pouvoit-elle, au premier abord, tenir à son fils, en l'y voyant arriver par la voie ordinaire accordée aux vivans ? Ne devoit-elle pas paroître étonnée de le rencontrer en bon état dans des lieux si éloignés de Troie et de la Grèce, et dans un pays triste et nébuleux, qui n'offroit guères d'attraits capables de faire entreprendre un voyage si long et si dangereux, dans un siècle surtout où l'art de la navigation étoit si peu avancé ? La question que lui fait sa mère est donc très-naturelle et conforme au rôle qu'Homère lui fait jouer dans ce drame magique. S'il n'y a pas de traducteur qui en ait rendu le sens, c'est qu'on ignoroit le fond du sujet. On ne savoit quelle idée se former du lieu où l'on plaçoit l'empire des morts. L'équivoque des mots ZOPHON et ÉÉROENTA ajoutoit à l'embarras. Chacun de ces mots a deux significations différentes ; ZOPHON signifie *OBSCURITÉ* et *OCCIDENT* (1) ; ÉÉROENTA signifie *OBSCUR* et *nébuleux*. Les interprètes n'ont pas hésité de donner la préférence aux premières significations, parce qu'elles s'accordoient mieux avec l'idée des TÉNÈBRES qu'Homère attache à cet endroit. Ils s'imaginoient que ces deux termes n'en étoient qu'une suite. L'idée de ces TÉNÈBRES a tellement obscurci l'esprit du traducteur latin, qu'il n'a pas même aperçu que sa version n'offroit

---

(1) ZOPHOS, *caligo*, *tenebræ*, *occasus*. Lexicon Schrevelii.

qu'un verbiage déraisonnable et indigne d'Homère.
Il traduit ZOPHON ÉÉROENTA, *caliginem obscuram ;*
mais *caligo* est-elle autre chose que *res obscura ?*
Substituons, pour sentir le ridicule de cette
version, au mot *caligo* son synonyme *obscuritas*,
et nous aurons OBSCURITATEM OBSCURAM ; est-ce
là le style d'Homère ? Non-seulement ZOPHOS (1)
signifie COUCHANT ; mais on pouvoit s'assurer par
Homère même qu'il s'en servoit dans cette acception. Arrivé à l'île d'Æa, Ulysse dit qu'il se trouvoit tellement désorienté, qu'il ne reconnoissoit
plus ni l'OCCIDENT, ni l'ORIENT ; et il se sert du
mot *zophos* pour exprimer OCCIDENT (2).

Quant au mot ÉÉROENTA, qui dérive de AER, EÉR,
AIR ; il marque proprement UNE OBSCURITÉ CAU-
SÉE PAR L'INTERPOSITION DE L'AIR ; une obscurité
NÉBULEUSE, *aer nubilus ;* c'est précisément l'air
atmosphérique de la Hollande.

En disant que l'Enfer étoit séparé de la Grèce
par de grandes eaux et l'Océan, la mère d'Ulysse
se rencontre parfaitement avec Hercule qui, dans
la comédie des Grenouilles, dit à Bacchus qu'il
y a de la Grèce à l'Enfer un long trajet de mer,
longa navigatio. Elle parle aussi conformément à

____

(1) Voyez lexicon Scapulæ, verbo ZOPHOS.

(2) Strabon interprète autrement ce passage et il est suivi
de la plupart des traducteurs. Mais ceux qui s'attachent plus
scrupuleusement au texte conviennent qu'Ulysse ne parle
ici que du *couchant* et du *levant.* Voyez M. Bitaubé dans
ses notes.

la géographie ancienne, en plaçant le bas-Rhin au couchant de la terre. C'est à ce point du globe que nous avons trouvé l'ouest de l'ancien monde connu.

Il résulte donc du discours de la mère d'Ulysse, que l'Enfer est situé à l'extrémité occidentale de l'ancien monde, qu'il est séparé de la Grèce par de grandes eaux et nommément par l'Océan, et qu'on y respire un air nébuleux : trois points caractéristiques qui se présentent admirablement à l'appui de ce que nous avons allégué à ce sujet.

Suite du Spectacle nécromantique : Entretien d'Ulysse avec Achille : Etymologie du mot Tirésias.

Après la retraite de la mère d'Ulysse, paroissent sur la scène les ombres d'une infinité de femmes et de filles, d'hommes les plus illustres de l'antiquité. Homère, en homme de génie, profite de ce spectacle nécromantique pour égayer son sujet par des historiettes et des fables curieuses, dans lesquelles il met toute l'élégance de son art. Les dialogues des morts sont une ressource précieuse pour la poésie épique, surtout lorsque le lieu de la scène et l'action dramatique prêtent, comme ici, à l'illusion. Tous les grands poètes se sont servis de cet exemple d'Homère pour embellir leurs productions. On dit que le sixième livre, qui traite de la descente d'Enée aux Enfers, est le plus intéressant de l'Enéide. On veut même que Virgile ait surpassé son modèle ; mais la différence entre les deux poètes, c'est qu'Homère a traité un fond vrai, qu'il lui étoit permis d'*embellir* ; mais nullement de *dénaturer* ; tandis que Virgile s'est créé un Enfer idéal, qui laissoit un libre essor à toute la force de son talent.

On remarque qu'Homère a fait usage de ces fictions ingénieuses avec beaucoup de ménagement : il les raconte de manière qu'il est aisé de les prendre pour ce qu'elles sont ; cela résulte de la manière dont *Alcinoüs* s'explique sur ce point durant un moment d'interruption du récit d'Ulysse, " Vos paroles, dit le roi ßes Phéaciens " à Ulysse, ont l'air de ces contes ingénieusement " inventés ; mais vous n'êtes pas un imposteur " ou un inventeur de fables QU'ON NE SAUROIT " DÉMENTIR. " Et ensuite, pour faire sentir l'idée qu'il avoit de ces beaux contes, il demande à Ulysse s'il n'a pas vu aussi dans l'Enfer quelques-uns des héros grecs morts devant les murs de Troie.

Homère ménage adroitement cette demande pour procurer à Ulysse le plaisir de parler de ses anciens compagnons d'armes. Il amène en conséquence sur la scène les âmes de quelques chefs de la grande expédition de Troie, et entr'au-tres celles d'Agamemnon et d'Achille. C'est dans le dialogue entre ce dernier et Ulysse, qu'on rencontre un passage équivoque qu'il importe d'éclaircir.

Il n'y a jamais eu, dit Ulysse à Achille, et il n'y aura jamais à l'avenir d'homme plus heureux

que vous; car, pendant votre vie, nous vous
avons toujours honoré comme un Dieu, et à
présent vous régnez éminemment sur les morts.
Achille lui répond en ces termes : » Ne me par-
» lez pas de mort, illustre Ulysse ; je préférerois
» d'être dans le monde un pauvre ouvrier à gages,
» que de régner sur tous les MORTS CORROMPUS,
» (*NEKUESSI KATA PHTHIMÉNOISIN.*) Tel est le
sens du texte ; et pris dans cette valeur, il veut
dire qu'Achille préfère le sort d'un pauvre labou-
reur à celui de CHEF-GARDIEN , ou surveillant
d'un lugubre lieu où reposent les corps CORROMPUS
des morts.

Non-seulement on a mal compris, mal traduit
ce passage, mais on lui a donné une interprétation
absurde. On a prétendu qu'Achille avoit voulu
dire que le sort du plus misérable des vivans est
plus à désirer que celui du plus illustre des morts.
C'est dans ce sens que Platon a condamné ces
vers, comme tendans à rendre les hommes lâches;
mais est-il croyable que, même dans le cas où
Homère eût voulu consacrer une idée si extrava-
gante, il eût fait choix, pour en être l'organe,
d'un héros tel qu'Achille? N'auroit-on pas accusé
Ulysse d'une basse jalousie, s'il avoit avili jusqu'à
ce point le caractère du premier capitaine des
Grecs? Mais loin de là, Homère conserve à
l'ombre d'Achille ce même ton guerrier, ce même
caractère de bravoure, ce même MÉPRIS POUR LA
MORT, lorsqu'il s'agit de devoirs ou de gloire,

qui l'avoient si éminemment distingué pendant sa vie. Achille se montre encore tout prêt, s'il étoit vivant, à combattre pour son père, et à faire sentir la force de son bras à tous les rebelles qui voudroient lui refuser le respect et l'obéissance. Ce ne sont pas là des maximes de lâches ; et le héros qui s'exprime avec cette force, ne dira pas qu'il mettroit la vie d'un pauvre misérable au-dessus de la mort glorieuse d'un héros. Homère n'a mis cette proposition dans la bouche d'Achille, que pour faire sentir que cette scène nécromantique se passoit dans l'enceinte d'un lieu où règne un deuil éternel.

La mère d'Ulysse nous avoit fait comprendre que l'Enfer étoit situé à l'OCCIDENT DE LA TERRE, sous un CIEL NÉBULEUX. Ici Achille nous apprend que le lieu de l'évocation des morts se trouve dans l'enclos où sont déposés les cadavres. Nous avons vu la bévue que le traducteur latin a commise, faute de comprendre la mère d'Ulysse. Ici il en commet une pareille, faute de comprendre Achille. Il traduit le texte *vellem rusticus esse quam hominibus* MORTUIS, VITA DEFUNCTIS *imperare*. Mais MORTUIS, n'est-ce pas le même que VITA DEFUNCTIS ? Dire MORTUIS, VITA DEFUNCTIS, est exprimer deux fois la même idée : c'est le pendant de CALIGO OBSCURA. Un interprète auroit dû s'apercevoir de sa méprise par la raison seule que les Œuvres d'Homère n'auroient jamais été immortalisées , si elles avoient été rédigées dans un style aussi vicieux.

Les mots grecs *NEKUESSI KATA PHTHIMENOI-SIN*, qu'on traduit si mal, sont cependant d'une acception très-intelligible ; si *NEKUS* ou *NEKROS*, dont le premier est composé, signifie *DEFUNCTUS*, il signifie aussi CADAVRE ; le verbe *PHTHEIN*, dont l'autre est formé, signifie CORROMPRE ; le mot corrompre ne peut s'appliquer qu'à un CORPS MORT, à un CADAVRE ; l'âme ne se CORROMPT pas : il est donc évident qu'Homère , en joignant les deux mots, a voulu désigner des *corps morts et putréfiés.*

Cette discussion grammaticale offre un autre avantage ; elle nous conduit à l'intelligence du nom de Tirésias.

Observons d'abord que le mot n'est pas TIRÉSIAS ; mais qu'avec Homère il faut dire TEIRÉSIAS. *PHTHEIREIN* en grec, le même que *TEEREN* ou *TEIREN* en hollandais , signifie CORROMPRE (1). *As* signifie chef, roi. Homère Odyss. liv. XI., vers 143, donne à Teirésias, le titre d'*ANAX, roi;* ainsi *TEIRE-SIEN-AS* veut dire chef des cadavres corrompus , ou roi de la terre consacrée aux tombeaux des morts. On peut donc réduire la réponse d'Achille à la phrase suivante : *Je préférerois d'être dans le monde un pauvre ouvrier, que d'être le surveillant*

---

(1) PHTHEIREIN, *bederven* , perdere ; TEEREN, unde TEERING, *tabescere.* Othon Reizius , belga græcisans, p. 298.

d'un lieu où sont déposés les morts. Ce discours nous confirme que la scène se passe dans l'enclos d'un cimetière.

A ce spectacle fantasmagorique, succède une autre scène qui présente une institution d'un grand intérêt.

Tribunal de Minos : Explication de cette cour de justice, d'après la jurisprudence d'Égypte.

Après la disparition des ombres des Grecs, Ulysse voit Minos assis sur un trône, et rendant justice aux MORTS. Rappellons-nous ce qui a été dit au sujet de Minos, de *Manas*, et de *MANA-RICUM*, lieu du tribunal de *Minos* ou *Manas*, dont les traces se montrent encore dans le village de MAN-RIK, sur la rive gauche du Rhin.

Minos tient un sceptre D'OR; un sceptre d'or est le symbole d'une administration douce et équitable. L'illustre juge est entouré d'êtres dont les uns sont assis, les autres debout; mais ces êtres sont-ils des morts ou des vivans? Le texte paroît obscur, et nous permet de croire qu'Homère s'explique dans un style aussi concis, par la seule raison que ce qu'il racontoit étoit connu de ses contemporains. Les interprètes pensent communément qu'il s'agit ici de morts. M.ʳ Bitaubé, après avoir traduit le texte par la phrase suivante : " Tous les MORTS, les uns assis, les " autres debout, se pressoient autour de ce roi " (Minos), " dit dans ses notes : " que ceux qui

« étoient debout plaidoient pour accuser ou pour
« défendre , et ceux assis étoient ceux pour
« lesquels ou contre lesquels on plaidoit , et
« qui alloient être jugés. » Madame Dacier fait
la même observation.

Pour résoudre ce problême , on n'a qu'à con-
sulter l'usage qui , dans les mêmes cas , s'observoit en Egypte ; Diodore de Sicile nous en donne
les détails.

« Avant l'inhumation d'un mort , dit l'auteur , ses
parens indiquent aux juges et à ses amis le jour
où il doit être jugé ; ils annoncent qu'il passera
le lac (Acherusia) dans une barque dirigée par
Charon. Le mort étant parvenu au lieu du tribunal , la loi permet à chacun de l'accuser ; mais
tout calomniateur est sévèrement amendé. S'il est
prouvé que le défunt ait mal vécu , le juge le prive
des honneurs de la sépulture. Si personne ne se
présente pour l'accusation , ou si l'accusation est
improuvée , les parens font le panégyrique du
défunt ; ils louent ses mœurs, sa piété, sa justice,
sa continence ; mais , contre l'usage des grecs ,
ils s'abstiennent de faire l'éloge de sa naissance.
Ils finissent par supplier les Dieux des Enfers
de recevoir et de placer le défunt dans le rang
des bienheureux ; la multitude présente accompagne
hautement cette invocation de ses vœux (1) ».

______

(1) Antequam sepeliatur corpus , prædicitur a cognatis
tum judicibus, tum defuncti amicis, sepulturæ dies. Asse-

On conçoit aisément l'impression qu'une pareille scène judiciaire devoit faire sur le peuple ; elle étoit plus propre au maintien des mœurs, que toute la sévérité des loix.

Cette justice sévére se pratiquoit même dans les obsèques des rois. « Lorsque le cercueil du monarque, dit Diodore de Sicile, étoit arrivé au lieu de la sépulture, les prêtres prononçoient une oraison funèbre, qu'il étoit permis à chacun de contredire. Le peuple applaudissoit avec transport aux éloges mérités ; il se récrioit avec grand tumulte contre les faussetés et les réticences, souvent avec un tel effet, que plusieurs rois ont été privés de la pompe et des honneurs de la sépulture.» Diodore ne dissimule pas que cette censure posthume, si publique et si solemnelle,

---

runt mortuum *paludem* transiturum. Trahitur navis regente magistro quem *Charontem* vocant. Antequam condatur in arca cadaver permittitur, lege volenti, mortuum accusare. Si quis comprobatur male vixisse, judices sententiam ferunt, quâ censent corpus ejus *sepulcro privandum*. Cum deest accusator, aut per calumniam accusatum constat, cognati ad laudes mortui vertuntur; nil de genere ejus, sicut græci consueverunt, narrantes, sed ordientes à pueritia, ad viri ætatem descendunt, ejus erga Deos religionem, justitiam, continentiam, virtutesque cæteras commemorantes. Invocatis vero inferis Diis, precantur ut eum inter pios locent. Ad quæ verba omnis multitudo correspondet, gloriam mortui extollens, tamquam apud inferos cum beatis semper futuri. Diod. Sic. lib. 2, cap. 5.

contribuoit infiniment à rendre les monarques sages (1).

D'après ce tableau, qui n'est qu'une imitation des cérémonies observées dans l'Enfer, on peut juger que, par les personnes qui étoient ou assises ou debout au tribunal de Minos, Homère a voulu entendre les gens qui assistoient au jugement des morts. Ce qu'il y a de certain, c'est que, par ce passage, Homère a indiqué que l'Enfer est le premier lieu où l'on ait créé un tribunal pour juger les hommes morts.

Si la crainte d'une excommunication religieuse, après la mort, étoit un frein bien puissant contre le vice, le spectacle tragique qui va suivre en étoit certainement un plus puissant encore.

Spectacle du supplice de Tityc, de Tantale et de Sisyphe.

Après avoir vu les formalités judiciaires du tribunal de Minos, Ulysse voit paroître quel-

---

(1) Corpus in arca conditum ante sepulcri aditum ponunt. Ibi breviarium in vita ab rege gestorum de more recitant, *volentique facultas datur defunctum accusandi*. Adstant sacerdotes, mortui rectè facta laudantes; populus, is permagnus est, qui exequias circumstat, *applaudit veris laudibus*; in reliquis *magno reclamat tumultu*, quo accidit, ut plures reges repugnante multitudine solito caruerint sepulcri honore ac magnificentia. Is timor coegit Ægypti reges justè vivere, veritos post mortem futuram plebis iram, atque odium sempiternum. Diod. Sic., lib. 2, cap. 3.

ques grands malheureux dans les étreintes de leur supplice. Tityo auquel deux vautours déchirent sans cesse le foye; Tantale qui tout à la fois consumé par une soif brûlante, et dévoré par la faim, ne peut ni se désaltérer, ni se nourrir, quoiqu'il soit placé au milieu d'un étang et entouré d'arbres abondamment chargés de fruits délicieux. Sisyphe qui, sans discontinuer, roule un pesant rocher vers le haut d'une montagne, lequel rocher, au moment où il est poussé près de la cime, retombe dans la plaine. C'étoit représenter par des images parlantes l'état de souffrance auquel s'exposent les hommes dévorés par l'amour, l'avarice et l'ambition. Les chefs de l'Élysée ne se bornoient pas à prêcher l'amour de la vertu et l'horreur du vice ; ils étoient persuadés que le meilleur moyen de les inculquer profondément dans l'esprit des hommes, c'étoit de présenter à leurs regards, dans des tableaux animés, la punition du crime et les suites funestes des passions déréglées.

Scène d'Hercule : remarque sur son Baudrier et sur son discours à Ulysse : fin du spectacle.

Après Sisyphe apparoît la Vertu, la force d'Hercule (*biéherakleié*) ou son image. Hercule ressemble à une nuit obscure, *illi vero obscuræ nocti similis.* Par cette phrase, Homère insinue que l'image d'Hercule étoit formée d'un mélange artificiel d'ombre, et confirme que toute cette scène nécromantique étoit une espèce de jeu fantasmagorique.

Le sein d'Hercule étoit couvert d'un large baudrier d'or, sur lequel on voyoit artistement gravés les emblèmes de ses victoires sur les bêtes féroces. On y remarquoit en premier lieu la figure d'un OURS. C'est le symbole de la chasse aux ours, exercice d'une nécessité impérieuse dans un pays peuplé ou infesté, autrefois, d'une si immense quantité d'ours que la région entière en avoit reçu sa dénomination. Pays BORÉAL, comme nous verrons, signifie PAYS où abondent les OURS.

L'ours, comme symbole, est passé et s'est conservé jusqu'aux derniers temps dans le nom et les armes des grands dignitaires de la Flandre. Les quatre premiers officiers de la province étoient appelés BEERS, *ours*, et portoient dans leurs écussons la figure d'un ours, sans doute à cause que, dans la chasse aux ours, leurs ancêtres avoient rendu des services éclatans à la patrie. Nous traiterons cette matière particulièrement dans l'explication du zodiaque à l'article du sagittaire.

Hercule, ayant reconnu Ulysse, lui adresse le discours dont nous avons déjà fait une si heureuse application dans le développement de la fable de Cerbère. Ce discours contient le récit de la victoire d'Hercule sur le chien infernal, et nous apprend les moyens que les industrieux et flegmatiques élysiens ont employés pour garantir leur pays de la fureur des eaux.

Hercule, ayant achevé son discours, se retire, non dans l'erèbe, comme les ombres des morts, mais dans l'intérieur du sanctuaire (DÓMON AIDOS ÉISÔ). Pour lors Ulysse annonce la consommation de son initiation, et ne communique plus avec personne. Semblable à Jupiter qui, après la naissance d'Hercule ne veut plus d'autres enfans des mortelles, Homère ne trouve après la scène d'Hercule, rien qui soit digne de fixer l'attention du roi d'Ithaque. » Me trouvant tout » d'un coup entouré d'une légion de morts, dit » Ulysse, je fûs saisi de la plus grande frayeur. » Je tremblois à l'idée que l'admirable Proser- » pine ne m'envoyât du fond de l'enfer, et n'ex- » posât à mes yeux la terrible tête de la Gor- » gone. Je quittai subitement la scène; je me » rendis en hâte à mon vaisseau, et nous fîmes » voile avec un vent très-favorable. »

Il est curieux de voir avec quelle adresse Homère met fin à cette narration. Ulysse fait semblant de quitter le sanctuaire, de peur de rencontrer la tête de la Gorgone : cette tête est l'emblême de la SCIENCE DIVINE. En prenant ce prétexte, il fait accroire aux phéaciens qu'il n'a rien appris de mystérieux dans son initiation. Par ce moyen il prévient les questions indiscrè- tes qu'on pouvoit lui faire et qui l'auroient mis dans le cas ou de refuser de répondre, ou de trahir le secret auquel les initiés étoient tenus.

C'est dans ce spectacle nécromantique qu'Homère fait usage de tous les priviléges de son art; il réunit dans une scène, qui ne dure qu'une partie de la nuit, toutes les merveilles que, pendant son long séjour dans l'Élysée, Ulysse a apprises sur le culte, sur la police et le génie hydraulique des habitans de ce lieu.

En parcourant attentivement ce spectacle religieux, on remarque qu'Homère en attribue l'entière direction à Proserpine. C'est cette déesse qui met toutes les ombres en action ; c'est d'elle que Tirésias tient la conservation de l'entendement après la mort. Il est donc essentiel de pénétrer la nature de cette déesse, et de voir sous quel rapport elle est l'épouse de Pluton.

De Proserpine : son nom grec : étymologie de ce nom : son mariage avec Pluton.

Descendre dans le sombre séjour des morts, converser avec leurs ombres, ressemble assez à un passage de cette vie à l'autre. Recevoir dans cette scène mortuaire les principes d'une vie future et heureuse est une sorte de régénération d'âme. Toute l'antiquité a regardé l'initiation aux mystères comme une espèce de mort et de renaissance religieuses : assurement l'initiation d'Ulysse étoit dans ce cas ; puisque Circé le dit elle-même. La déesse, après le retour d'Ulysse et de ses compagnons de l'enfer, les appelle deux fois morts (*distanées*) et les félicite d'avoir subi leur première mort (1).

Comme Proserpine préside à ce drame sacré, et que c'est elle qui est censée frapper de mort les initiés, nous devons en conclure que la propriété du nom de la déesse doit être analogue à cette attribution mystique.

Proserpine n'est pas le mot auquel nous devons nous attacher : Homère appelle la déesse de l'enfer Persephoneia. Les lexicographes, sans cependant pouvoir avec certitude déterminer l'étymologie de ce nom, ont bien aperçu qu'il avoit des rapports avec l'action de tuer. Le verbe phoneuein, dont phoneueia est formé, signifie *tuer*, phonos, signifie *homicide* ; se-

____

(1) C'est de là qu'est née la doctrine des platoniciens qui reconnoissent deux morts dans l'homme. L'une est l'effet de la *nature*, l'autre des *vertus*; l'une est *naturelle*, l'autre morale ou civile.

Plato duas mortes hominis novit quarum unam natura, virtutes alteram præstat, homo enim moritur cùm anima corpus relinquit solutum lege natura. Mori enim dicitur, cùm anima adhuc in corpore constituta corporeas illecebras, philosophia docente, contemnit, et cupiditatum dulces insidias reliquasque omnes exuit passiones. Macrob. Saturn., lib. I, cap. XIII.

lon quelques-uns Persepho... veut dire une femme *quæ omnia cædibus vastat*, qui couvre la terre d'homicides. Schrevelius croit qu'on peut le faire dériver de PHERREIN, *porter*, et de PHONEUEIN, *tuer*. Quasi PHEROUSA PHONON, *adferens cædem* (1). Ce qu'il y a de certain c'est que le nom PERSEPHONEIA doit avoir des rapports avec une femme à laquelle on attribue des HOMICI-DES : dans ce sens il est proprement appliqué à la déesse qui préside aux initiations, puisqu'il est vrai de dire que, sous des rapports mys-tiques, elle frappe les initiés de mort.

Cette explication nous mène à l'intelligence du mariage symbolique de Pluton avec Proserpine. Pluton est l'emblème des sacrifices et du culte religieux qui concerne les morts ; Proserpine est l'emblème de l'évocation des morts ; ces deux cultes amalgamés présentent naturellement un mariage mystique.

Les bois consacrés à Proserpine, dont nous avons parlé plus haut, étoient les forêts sacrées dans lesquelles se trouvoit la *maison obscure*, ou le sanctuaire de Pluton. C'étoit au milieu de sombres bois, *in lucis sacris*, que les druï-des célébroient leurs mystères ; Tacite fait men-tion d'une forêt sacrée, *nemus sacrum*, située dans la Batavie.

---

(1) PERSEPHONEIA, *Proserpine* quasi a PERTHÓ, *vasto* et PHENÓ, *occido*, vel quasi *pherousa phonon* (quæ cædem ad-fert). Schrevelius, lex. græc. hoc verbo.

Retour d'Ulysse à l'île d'Æa; origine des jeux solaires, ou circenses : la nuit du solstice d'hiver consacrée aux cérémonies de l'initiation ; commencement de l'année des élysiens.

» En retournant de l'enfer nous arrivâmes, dit » Ulysse, à l'île d'Æa, où est le domicile de » l'aurore, où sont les chœurs des musiciens, » les troupes des danseurs et le lever du so- » leil (1). »

Si, avec la généralité des interprètes, on prend cette description pour topographique, elle devient inexplicable. Non seulement elle renverse toutes les différentes opinions qu'on s'est formées sur la situation de l'île d'Æa ; mais elle contraste grossièrement avec les idées que, dans toute l'aventure d'Ulysse, Homère nous donne sur le lieu du domicile de Circé. Il le suppose toujours au couchant de la terre ; et ici il voudroit le renvoyer à l'extrémité de l'orient, *ubi auroræ domicilium.* Si on ne peut pas supposer des contradictions si manifestes dans un écrivain même ordinaire, à plus forte raison seroit-il injuste de les attribuer à Homère.

Autre considération : le poète réunit et confond dans la même phrase, l'aurore et le lever du soleil, avec des divertissemens de musique et

______

(1) Ubi auroræ manegenitæ domicilium, et *chori* sunt, et *solis ortus.* Version latine des poëtes grecs.

de danse. Mais qu'ont de commun ces sortes de récréations , avec le lever du soleil et le point oriental de la terre ? Cette circonstance seule nous sert d'avis que , pour résoudre le problème , il est nécessaire de recourir à une hypothèse qui présente de l'analogie entre des objets de nature si disparate. Cette hypothèse la voici :

C'étoit un usage religieusement observé dans la République élysienne , de faire succéder aux sombres cérémonies du culte des parties de divertissement. L'homme , comme MORTIFIÉ , ATTRISTÉ par des lugubres offices de piété , trouvoit, au sortir du sanctuaire, de quoi se récréer , soit dans les plaisirs des festins , soit par les jeux ou d'autres exercices. En établissant des réjouissances publiques on vouloit qu'elles fussent précédées des devoirs prescrits par la religion; il falloit s'acquitter envers l'Être Suprême avant de jouir des bienfaits qu'il nous accorde. Les six premiers jours de la semaine , comme nous observerons plus tard, étoient consacrés aux travaux , et le septième au délassement , à des repas communs , ou à d'autres agrémens. C'est dans la nuit du sixième au septième jour que les fidèles se rassembloient pour l'exercice du culte ; c'est dans le jour suivant qu'ils se réunissoient à des banquets fraternels, ou qu'ils s'occupoient d'autres récréations ; on passoit la journée dans la bonne chère et dans des amusemens , mais qui étoient toujours animés par l'esprit de concorde, d'amitié et de religion.

Ulysse ayant fait des sacrifices, et s'étant acquitté de ses devoirs religieux dans la nuit du sixième au septième jour, retourne à l'île d'Æa (1). Circé, instruite de son retour, va à sa rencontre, lui apporte toutes sortes de rafraîchissemens, et le félicite lui et ses compagnons de ce qu'ils ont heureusement subi une PREMIÈRE MORT, entendant par là la mort mystique de l'initiation. « Infortunés, dit-elle, vous qui vivans « êtes descendus au séjour de Pluton, DEUX FOIS « VICTIMES DE LA MORT, tandis que les autres « hommes NE MEURENT QU'UNE FOIS ; goûtez, « continue-t-elle, maintenant le calme ; diver- « tissez-vous, et passez toute la journée dans la « bonne chère (2). » C'est de là qu'est née la doctrine des platoniciens qui reconnoissent deux morts dans l'homme (3).

---

(1) Septimum quoque diem sacrum esse, non hebræi modo verum etiam græci agnoscunt, de quo Homerus cecinit.

Septima *sacra* dies *læti* lux candida *solis.*

Et, Septima ubi orta dies acherontis linquimus undas. Euseb., præp. ad evang., p. 677.

(2) Miseri qui viventes subiistis domum Plutonis *bis mortui* (DISTANÉES) cum alii semel dumtaxat moriantur; sed agite, edite cibum et bibite vinum hic tota die. Odys., lib. 12. v. 21.

(3) Voyez la note, page 59.

Respondit Jesus et dixit ei (Nicodemo) amen dico tibi, nisi quis renatus fuerit denuò, non potest videre regnum Dei. Non mireris, quia dixi tibi oportet vos denuò nasci. S. Joann. evang., cap. 3.

Après ces remarques, on comprend aisément sous quel rapport l'île d'Æa étoit le séjour de l'aurore et de la renaissance du soleil, en même temps qu'elle étoit celui des chants et des danses. Homère ne veut pas parler des levers *physiques* du soleil, mais des *fêtes du soleil*. Il a eu en vue les jeux du cirque dans lesquels, par des courses de chevaux et de chariots, on imitoit les courses du soleil, jeux auxquels, sous ces rapports, on donnoit le nom de SOLAIRES. En disant que dans l'île de Circé on se divertissoit au chant et à la danse, il indiquoit que c'étoit le lieu de récréation des initiés aux mystères.

Si l'on veut une preuve plus frappante de cette vérité, on n'a qu'à se rappeler le passage de la comédie des grenouilles d'Aristophane, dont nous avons déjà fait une utile application.

Hercule, en indiquant à Bacchus le chemin de l'Enfer, lui dit : "Vous arriverez, après une LONGUE NAVIGATION, vers un grand lac que vous passerez avec la barque de Charon ; vos oreilles seront frappées d'un agréable son de flûtes ; vous verrez une belle lumière, des bois de myrthes, et une heureuse assemblée d'hommes et de femmes qui, en chantant, exprimeront l'ivresse de leur joie et leur contentement par le bruit de leurs mains."
" Mais, dit Bacchus, qui sont ces fortunés mor-
" tels ? " Ce sont, répond Hercule, des INITIÉS,
" *initiati*. Ceux-ci vous donneront les éclaircissemens
" dont vous avez besoin ; car ils demeurent près

du chemin qui conduit à l'entrée du palais de Pluton (1). Cette admirable conformité entre le récit d'Homère et le drame d'Aristophane, fait bien voir que la vraie tradition sur le site et la nature de l'Enfer, s'est longtemps soutenue dans la Grèce.

On peut se former une idée des jeux solaires, par ceux qui se sont si longtemps conservés à Rome, et que l'on y célébroit avec un faste et une pompe extraordinaires. Les courses du soleil y étoient représentées par des chevaux et des chariots qui partoient de l'orient à l'occident. De là le nom de *carrousel*, formé de *carrus solis*, qu'on donnoit au lieu de ce spectacle (2).

Les Romains appeloient ces jeux *circenses*, et en attribuoient l'invention à la déesse CIRCÉ ; le terme *circenses* provient sans doute de CIRCUS,

---

(1) Primò venies ad *paludem* maximam et profundissimam .... in *navicula* tantilla *senex aliquis navita* te transportabit, mercede accepta *duobis obolis* .... Hinc *tibiarum quidam flatus* te cinget, videbisque lumen pulcherrimum sicut hic, et myrteta, et *beatum* cætum *saltantium* virorum et fœmi‑ narum et *crebros manuum pla usus.*

BACCH. Isti vero quinam sunt ? HERC. *Initiati* ..... qui tibi indicabunt omnia quibus opus tibi fuerit, isti enim in *proximo* in ipsa via ad ostium Plutonis *habitant.*

(2) La principale des fêtes mithriaques (solaires) étoit fixée par un calendrier romain au 25. décembre , jour au‑ quel outre les mystères qu'on célébroit avec la plus grande solemnité, on donnoit aussi les jeux du *cirque* qui étoient consacrés à Mithras. Noël, dict. de la fable.

II.   5

cirque, lieu dans lequel on s'exerçoit à ces divertissemens ; mais il est à remarquer que CIRCÉ, nom de la Déesse, a, dans son origine, la même acception. Si CIRCÉ, *kirke*, signifie *église*, c'est que, dans un sens figuré, on compare l'église à un *cercle* de fidèles réunis sous les mêmes loix de la Religion, *cœtus fidelium.*

Lorsqu'enfin, après bien des siècles, on a fortement senti les inconvéniens qui résultoient de l'exercice du culte en plein air, et qu'on a pris le sage parti de se servir de lieux couverts, on a conservé et appliqué aux bâtimens et aux temples consacrés au culte, l'ancien nom de KIRKE, *cercle.* Il n'est peut-être pas inutile de remarquer que, dans les îles d'Æa et de *Walcheren*, il se trouve une infinité de villages auxquels on a donné le nom de *kerke.*

A chaque renouvellement de l'année, et au commencement de chacune des saisons, on célébroit de grandes fêtes (1) ; cette sage institution a été conservée dans nos mœurs. Les jours de ces fêtes sont annoncés dans nos calendriers sous le titre de MISSE, qui signifie FESTIVITAS, *fête.* KERS-MISSE, *Noël*, annonce la saison de l'*hiver* ; PAESCH-MISSE, *Pâques* ; celle du *printemps* ; St. JANS-MISSE, *St. Jean-Baptiste*, annonce l'*été* ; et

______

(1) Circa tempus quo nunc apud christianos natalitia Christi celebrantur, olim inter gentiles saturnalia celebrata sunt. Loccenius, antiquit. sueo-goth., cap 5.

BÆFS-MISSE, *St. Bavon*, est l'indice de *l'automne.* Albaspinæus, évêque d'Orléans, fait dériver de ce mot le nom du saint sacrifice de la *Messe*, comme on peut voir dans les OEuvres du pape Benoît XIV ; dans ce sens, les paroles *ite missa est*, adressées aux fidèles à la fin du sacrifice, se réduisent à la phrase suivante : Maintenant que vous avez rempli vos devoirs envers l'Être suprême, vous pouvez vous en aller, et vous divertir, c'EST FÊTE, *missa est* (1). Nous reprendrons cet article par la suite. En attendant, on ne manquera pas d'observer la ressemblance entre cette expression sacrée, et celle que CIRCÉ adresse à Ulysse et ses compagnons, à leur retour de l'initiation.

Les Elysiens, en comptant l'espace du temps par *nuits*, commençoient leur année *sacrée* à la

____

(1) On pourroit faire remarquer que c'est peut-être de ces fêtes, de ces réjouissances et de ces solennités publiques qu'est née l'idée qu'on a des *délices* des Champs élysées ; sans doute, ces divertissemens communs animés par l'esprit de fraternité, de paix, de religion, devoient être délicieux. Natalis Comes, qui cherche un sens moral aux fables, s'explique sur les Champs élysées de la manière suivante : *Quid significare voluerint antiqui per hos Campos Elysios manifestum esse arbitror, nam ubi vitæ nostræ ratio diligenter examinata fuerit, si sanctè, piéque vixerimus, incredibilis lætitia sub extremum vitæ diem mentes nostras capit, etc.* Natalis Comes, pag. 277, lib. 3, cap. 19 de Campis elysiis.

Le même auteur dit, qu'on immoloit à Bacchus un BOUC, *hircus*. Baccho non capra sed hircus mactabatur. Natalis Comes, de victimis, p. 58.

grande nuit , qui est celle du solstice d'hiver ,
appelée MODRA-NEIT , *nuit-mère* (1). Cette nuit
étoit particulièrement consacrée à l'initiation aux
mystères , dans laquelle l'homme semble mourir
et reprendre une *nouvelle vie* ; Homère fait clairement entendre que c'est durant cette longue
nuit qu'Ulysse a été initié. Le monarque grec
emploie un jour entier pour passer de l'île d'Æa
dans l'Enfer. Au moment de son arrivée , le soir
même , *a primis vesperis* , commence la cérémonie religieuse ; Ulysse y passe une partie de la
nuit, retourne durant l'autre , arrive à l'île d'Æa
avant le lever dn soleil, ayant toujours , tant en
allant qu'en retournant , un vent favorable. En
spécifiant avec tant de soin ces différentes circonstances de temps , Homère a visiblement
voulu indiquer que l'office religieux de l'initiation
se célébroit au cœur de l'hiver dans un pays où ,
pour lors, la nuit est le double du jour (2). Voilà

---

(1) Chez les anciens saxons l'année commençoit toujours
le 25 décembre, dans la nuit appelée MODRA-NEIT, *nuit-
mère*; ils avoient donc, dit fort bien Scaliger (emend. temp.
p. 171) une année parfaitement conforme à la solaire de 365
jours et six heures, puisque sans cela , elle n'auroit pu
commencer constamment le même jour. Toute la sagesse,
ajoute-t-il, n'étoit donc pas concentrée dans l'Orient, et
chez les chaldéens; et ceux que Rome appela barbares l'é-
toient moins à cet égard que les habitans de cette cité.
Gebelin, Monde primitif, tome 4, p. 168.

(2) Il se trouve à Gand, une petite rue nommée KORTE
DAGSTEGE, *ruelle du court Jour*, ou ruelle *du solstice d'hi-*

encore un de ces grands traits qui caractérisent la latitude de la situation de l'Elysée , et qu is'accordent si bien avec la tradition qui place les ténèbres cimmériennes vers le 5o.ᵉ degré de latitude.

La vérité que l'île d'Æa étoit le théâtre de spectacles récréatifs , de jeux, de danses , de musique, va , par la valeur du nom qu'elle a conservé jusqu'à ce jour, être portée à un degré d'évidence auquel certainement on ne se seroit pas attendu.

Isle d'Æa , appelée SCHOUWEN : *Valeur de ce nom : Origine des mots Temple , Spectacle ,* MUSES , *Scaldes , Escaut : la Religion, source des beaux arts.*

ÆA , nom qu'on donne à la demeure de Circé , est une dénomination physique ; il est pris de la nature du sol, et indique un pays aquatique (1) : *Schouwen,* autre nom de cette île que la main dévastatrice du temps a respecté, est un nom *moral ;* il se rapporte aux doux amusemens que

---

ver; cette dénomination fait présumer que du temps du paganisme il existoit dans ce lieu un sanctuaire consacré au culte religieux.

(1) Græcum *aa* apud Hesychium est systema UDATÔN (systême *aquatique*) angl. sax. hoc elementum dixère *ea,* et in plurali *aa,* alemanni *aha,* latini *aqua,* galli *eau.* Ihre , verbo A.

les bienheureux fidèles de l'Elysée y goûtoient après avoir payé leur tribut religieux à l'Être bienfaiteur suprême.

Isle de *Schouwen* veut dire île des *Spectacles*. Le verbe SCHOUWEN signifie *contempler* ; SCHOUW-BURG, OU SCHOUW-PLAETS, signifie *théâtre*, *salle de spectacle*, *temple*, ou lieu où l'on contemple (1).

On rend en latin le nom de l'île de *Schouwen* par le mot *Scaldia*. Ce nom se rapporte particu-lièrement à des divertissemens de chant et de musique. *Scaldia* vient de SCHALLEN, *chanter*, *sonner* ; SCHAL, GESCHAL, signifie *chant*. De là le nom des *Scaldes*, anciens poëtes chantres et musiciens chez les Gaulois (2). SCHELDE, *Scaldis*, *Escaut*, nom de la rivière qui arrose l'île de Schouwen et la patrie des Scaldes a la même racine. Les Grecs en ont pris leurs termes PSAL-LEIN, *chanter*, et PSALMOS, *pseaume*.

En traitant des Hyperboréens, nous trouverons dans une des îles de l'Escaut le sanctuaire d'A-pollon l'Hyperboréen, chef des Muses.

Nous voilà donc dans la patrie des Scaldes et

---

(1) SCHOUWEN, *vidēre*, *spectare*. SCHOUWPLAETS, thea-trum. SCHOUW-SPEL, ludi. SCHOUW-SPELER, histrio, sce-nicus. Kilian, etymol. teut. linguæ.

(2) PSALLEIN, canere instrumentis : alamanicè, *Schallen*, unde Kiliani *schal*, *geschal*, *sonus*. *Schalle* ou *schelle* tinti-nabúlum (*sonnette*). SCHALMEI, lituus (*chalumeau*) Othon Reizius, pag. 306.

SCHEL, SCHAL, clangere, sonare, tintinire. SCHELLE, SCHEL, tintinabulum. Ten Kate, tom. 2, p. 694.

des Muses. Homère, en disant que l'île d'Æa est le théâtre des *chœurs* (ΟΤΗΙ ΧΟΡΟΙ ΕΙΣΙ), donne clairement à entendre que cette île, théâtre des amusemens des initiés, étoit le berceau des Muses. Les *anciennes* Muses sont les filles d'*Uranus* (1), chef des Atlantes : elles étoient drapées de *jaune*, couleur favorite des *Elysiens*. La Muse emblême de l'Astronomie, s'appeloit *Uranie*. Le premier sanctuaire des Muses en Grèce est le mont *Hélicon* (2), terme dont on aperçoit distinctement la source dans *helium*, et dans HOM, *demeure*; c'est comme si l'on disoit HELISCH HOM, *demeure sainte*.

On varie sur l'étymologie du mot *Muse*; quelques-uns le font dériver du grec MUEIN, *initier aux mystères*; d'autres de MAUEIN, *inquirere*. Ces opinions, sans être justes, ne s'éloignent pas du but. Le mot *muse* a son origine dans le verbe MUSEN OU MUYSEN, *méditer* (3). Les Muses, comme emblêmes des arts et des sciences, sont naturellement les filles de la *méditation*. On n'acquiert des lumières scientifiques qu'à force d'étude et de *méditation*. MUSE, dans cette acception, est

(1) Mimnermus antiquiores musas *Cœli* (Urani) filias memorat. Pausanias, pag. 544.

(2) In*Helicone* primos omnium sacra musis fecisse, et musis eum montem consecrasseEphialten et Otum tradunt.Paus. p.583.

(3) MUYSEN, metaphoricè, abdita magno silentio inquirere, anglicè MUSE, cogitare. Kilian, etym. ling. teuton.

To MUSE upon, *méditer*. MUSING, *action de méditer*, Dict. ang. de Boyer.

en plein usage en Angleterre. MUSING y signifie *méditation.* Dans le commencement on ne comptoit que trois Muses ; et selon le rapport de Pausanias, MELETÉ, qui signifie *méditation*, étoit le nom de la première (1).

Les beaux arts avoient pour objet la gloire de Dieu ; nous devons à l'esprit ardent du culte la lyre d'Apollon, et la harpe d'Orphée. Les Muses se plaisent, dit Hésiode, à célébrer, par leurs harmonieux concerts, la gloire du père des dieux et des hommes.

Les législateurs élysiens, en partageant le temps en jours de travaux et de repos, avoient consacré ceux-ci à des exercices de récréation, mais de manière que ces divertissemens mêmes tournoient à l'avantage de la Religion ; on chantoit dans les banquets fraternels des hymnes à la gloire du souverain Créateur, et en action de grâces pour les bienfaits de sa providence ; on accompagnoit ces cantiques du son harmonieux d'instrumens de musique. La lyre d'Apollon, emblême de ces fêtes religieuses, a été placée parmi les constellations célestes, comme les symboles de toutes les autres institutions de l'Elysée.

Les jeux solaires avoient pour but de célébrer

____

(1) Aloëi quidem filii musas numero tres religione sanxerunt. Nomina vero illis imposuerunt, *Meleten*, Mnemen, et Aœden, quasi dicas *meditationem*, memoriam, et cantionem. Paus., p. 584.

la grandeur et la bienfaisance de l'Etre suprême, en représentant aux yeux des spectateurs le mouvement de ces grands agens physiques qu'il a créés pour diriger l'influence salutaire du ciel sur le monde sublunaire.

Les premiers spectacles dont on a frappé les regards de l'homme , sont des représentations fantasmagoriques ou des figures de *spectres*. *Spectre* et *spectacle* ont la même racine , qui est le verbe SPECTARE , *contempler*. *Schouw* , qui signifie *spectre* en hollandais , a la même racine que SCHOUW-SPEL , *représentation théâtrale*. Les spectacles des morts ont enfanté les spectacles des vivans. Soyons justes et reconnoissans, nous devons à la Religion toutes les institutions , tous les arts qui tendent à adoucir les peines de la vie humaine.

On ne revient pas de sa surprise , lorsqu'après la révolution de tant de siècles , on trouve les noms des lieux si heureusement d'accord avec l'antique état des choses. Du moment qu'on dévoile la nature de quelque sujet mythologique, on ne doit plus s'embarrasser sur la propriété de son nom ; elle se présente naturellement , et se range dans la reconstruction de l'édifice mythologique, comme , au son de la lyre d'Amphion, les pierres se plaçoient et formoient les murs de Thèbes. Toujours ces noms naissent de la nature de la chose , *rem verba sequuntur.* Cette vérité , qui se manifestera dans tout le cours de cet ouvrage , est particulièrement sensible dans les noms que portent encore de nos jours les différentes îles de l'*Helium* ou du bas-Rhin.

Origine des noms des îles du bas-Rhin.

Plutarque nous a conservé des notions sur les noms des îles du bas-Rhin qui vont répandre des lumières frappantes sur notre sujet.

Au temps de l'empereur Tibère, il s'étoit élevé des discussions sur les causes de la cessation des oracles ; on avoit remarqué que, vers le règne d'Auguste, les idoles avoient, presque partout, cessé d'en rendre. Plutarque a trouvé cet évènement assez important pour en faire le sujet d'une dissertation.

C'est dans son traité de *Defectu oraculorum*, qu'il agite la question en forme de dialogue. Un des interlocuteurs attribue le silence des oracles à la nature des Dieux qui les rendoient : selon lui, c'étoient des génies sujets à la mort, et subordonnés à l'Etre suprême ; ces génies venant à mourir, les oracles dont ils étoient les ministres, devoient finir avec eux. Pour preuve de son opinion, il raconta l'histoire de la mort d'un génie, nommé le GRAND PAN, arrivée sous le règne de Tibère.

»Thamus, pilote d'Egypte, se trouvant un soir avec son vaisseau près de l'île de Paxos, dans la mer Egée, et le vent ayant cessé, l'équipage et les passagers passoient le temps à se divertir et à boire, lorsque tout d'un coup on entendit une voix qui appeloit Thamus. Celui-ci ne répondit pas ; il se tût encore au second appel ; mais au troisième il demanda ce qu'on vouloit de lui ; c'est répliqua la voix, lorsque vous arriverez aux îles Palodes, d'annoncer aux habitans que le *grand Pan* est mort. Parvenu à ce lieu, Thamus se mit à crier de toute sa force, le *grand Pan* est mort, *magnus Pan est mortuus*. A peine avoit-il cessé, qu'on entendit parmi les insulaires, des gémissemens et des lamentations qui sembloient annoncer beaucoup de surprise et de douleur. „

„Le vaisseau étant arrivé en Italie, le bruit de cette aventure se répandit bientôt à Rome, et excita même la curiosité de Tibère : l'empereur manda chez lui Thamus et quelques gens de l'équipage, et s'étant bien assuré du fait, il assembla des savans pour apprendre qui étoit le grand Pan, dont on annonçait si mystérieusement la mort. Le divan prononça que c'étoit PAN, *fils de Mercure et de Pénélope.* „

Cette narration finie, un interlocuteur, nommé Démétrius, prit la parole pour raconter un autre prodige qui, vers le même temps, étoit arrivé à lui-même.

„ La mer *britannique*, disoit-il, est semée de
„ différentes îles dont la plupart sont *désertes*, et
„ dont quelques-unes sont nommées les îles des
„ *Démons* et des *Héros, quarum nonnullæ ge-*

» *niorum* (*DAIMONÔN*) et *heroum dicuntur* (1).
» Ayant reçu ordre de l'empereur Tibère d'aller
» le reconnoître , je me rendis d'abord à une de
» ces îles , habitée par un petit nombre d'hommes,
» qu'on regardoit comme *sacrés* et *inviolables :* à
» peine avois – je mis le pied dans cette ÎLE
» SAINTE , qu'il s'éleva un ouragan affreux , et
» qu'il se manifesta quantité de prodiges (*por-*
» *tenta multa*) : on vit des tourbillons de flammes
» ravager la terre ; les insulaires , ajoute Démé-
» trius , regardoient cette furieuse tempête comme
» le signal de la mort d'un personnage de la plus
» éminente nature (2). »

Démétrius rapporte ensuite qu'il existoit dans
les mêmes contrées une île dans laquelle on dé-
tenoit *Saturne ;* ce dieu étoit entouré par un grand
nombre de génies.

Des écrivains sacrés du premier ordre ont envisagé ces prodiges , arrivés sous le règne de
Tibère , comme une suite des miracles qui ont
accompagné et illustré la *mort du Seigneur ;* mais
on a fait plus de cas de l'histoire du grand Pan
(le grand *tout*) , que des merveilles rapportées
par Démétrius ; cela ne surprend pas dans des
hommes qui n'étoient pas initiés dans les mystères

______

(1) Plutarchus , de defectu oraculorum , pag. 419. Pline
liv. 4. chap. 16. nomme le pays des morins *Britannia.*

(2) Insulares dixisse aliquem eorum , qui præstantioris
humanæ sunt naturæ, desiisse.

de l'antiquité. Comment se persuader qu'il existoit dans la mer britannique des îles spécialement consacrées à des démons et des héros, lorsqu'on ignore le fond de notre sujet? Comment supposer dans ces eaux une île *sainte?* Quel moyen de croire que, par des prodiges particuliers, le Seigneur aura voulu signaler dans ces climats lointains, réputés barbares, *sa descente aux Enfers,* lorsqu'on n'est pas instruit que c'est dans ces mêmes lieux que la Providence a placé le premier sanctuaire des Enfers? Avec quelle apparence chercher sous le voile allégorique, à l'extrémité de l'océan et de la terre, le paisible séjour du Dieu du temps et de l'agriculture, lorsqu'on ignore que c'est le même pays qui est le berceau de l'agriculture, du calcul, du temps, de l'astronomie et de tous les Dieux de la Mythologie? Toutes ces considérations rapportées par Démétrius, qui, dans notre système, donnent un si grand intérêt à sa narration, paroissent invraisemblables dans toute autre opinion, elles peuvent même révolter quelques esprits forts. » Eusèbe » et d'autres, dit l'historien des oracles (Fonte- » nelle), ont cru l'histoire de Thamus ; cepen- » dant, ajoute-t-il, elle est immédiatement suivie » dans Plutarque, d'un autre conte si ridicule, » qu'il suffiroit pour la détruire entièrement. »

Voilà comme, depuis un certain temps, on se permet de traiter les mystères qu'on ne comprend pas ! le récit de Démétrius ne porte pas le moindre caractère de fable, c'est le témoignage simple et naïf d'un officier de marine, qui dépose de son propre fait, et qui n'a aucun intérêt à altérer la vérité. D'ailleurs un auteur si éclairé, si fidèle que Plutarque, nous auroit-il transmis cette anecdote, s'il n'avait été persuadé lui-même qu'elle pouvait renfermer d'importantes vérités? Ce qu'il y a de certain, c'est que ce précieux passage offre à l'esprit de l'homme pieux de profondes méditations, et à l'esprit de l'homme curieux des traits saillans de combinaison avec les détails de notre sujet, et avec les témoignages des auteurs les plus instruits de l'antiquité.

En plaçant le séjour de *Saturne* dans une des îles *fortunées*, à l'extrémité de la terre, à côté de l'océan, Plutarque est en tout sens d'accord avec un passage important d'Hésiode.

«Le père Jupiter Saturnien, dit le poète, ayant créé une meilleure et plus juste génération d'hommes, une race divine de héros et de demi-dieux, il les a placés à l'extrémité de la terre, *in finibus terræ*: Saturne est leur roi: *eorum rex est*. C'est là dans les îles Fortunées, *in beatorum insulis*, que demeurent ces héros bienheureux, *felices heroes*, qui ont le cœur et l'âme rassurés et tranquilles: *securum animum habentes* (1).»

______

(1) Jupiter Saturnius fecit justius et melius variorum heroum divinum genus qui vocantur semidei. . . . . . Jupiter Saturnius pater constituit eos ad *terra fines* (ές peirata gaiés).

Nous n'avons pas besoin de demander quelle étoit cette île sainte dont parle Plutarque, et encore moins pourquoi les hommes qui, en petit nombre, l'habitoient, étoient regardés comme sacrés et inviolables ; ces hommes étoient les pieux pontifes qui, consacrés au sombre culte de l'évocation des ombres, du jugement et des funérailles des morts, consacroient entièrement leur vie au service de l'humanité.

Les îles des *héros* sont les îles des *initiés* ; nous verrons à l'article suivant, que le mot *held*, qu'on rend par le mot *héros*, à défaut d'en avoir d'autre, veut dire *héros*, *initié*. Bacchus a trouvé les HEUREUX INITIÉS, *felices heroes*, dansant et chantant dans l'île de *Schouwen*.

A côté de l'île de *Schouwen* se trouve une île qui a conservé jusqu'à ce jour le nom de *Duiveland*, mot qui signifie, à la lettre, *pays* ou *île de démons* : *Duivel* veut dire *démon* ou *diable*. Les écrivains hollandais qui ont eu peur de reconnoître dans le mot *hel* ou *helium* le sens d'*enfer*, se sont bien gardés aussi de reconnoître l'acception de DUIVEL, *démon*, dans *duiveland* ; ils font dériver le nom de cette île du mot DUIVE (1),

---

Saturnus horum rex est, et ii quidem habitant *securum animum* habentes in beatorum *insulis* juxta oceanum profundum felices heroes. Hesiodus, opera et dies, v. 158 et seq.

(1) *Duivelandt*, à côté de *Schouwen* : il porte ce nom de la grande quantité de pigeons (*duiven*) qu'on y t.ouvoit autrefois. Halma, théâtre des Etats-Unis, au mot *Duivelandt*.

pigeon, comme pour dire *île* ou *pays des pigeons*. Pour justifier cette étymologie, on allègue que cette île étoit autrefois abondante en pigeons ; mais cette assertion n'est appuyée d'aucune preuve, elle n'est fondée que sur la ressemblance des mots. Il se trouve dans le pays de Drenthe une espèce d'autel, nommé DUIVELSKOST (1), *nourriture des diables ;* on prétend qu'on y sacrifioit les étrangers au dieu Mars.

Si les auteurs nationaux ont évité avec soin d'appliquer à leur patrie des étymologies qui, dans l'acception vulgaire, en auroient donné une idée peu flatteuse, ils n'ont pas aussi la prétention de s'approprier des étymologies dont l'apparence pouvait lui donner de l'importance. Il n'a certainement pas échappé aux savans nationaux que *sel* ou *zel* en anglo-saxon (et c'est cette langue qu'il faut particulièrement considérer ici), est originairement le même que ZELIG, ZALIG (2), *beatus*, et que Zélande formé de ce mot, veut dire *regio beatorum*. Mais satisfaits du seul avantage de retrouver dans leur patrie l'île de Saturne, ils n'ont pas osé revendiquer, en

---

(1) Halma, au mot *Duivelskost*.

(2) ZALIG, en allemand SELIG, *felix*, *beatus*, mœs-goth. SEL, anglo-sax. SEL, *bonus*. Ten Kate, tom. 2. p. 745.

SALIG, *beatus*, proprié, si priscos dialectos audimus, *bonum* denotat : ita mœso-goth. BONUM, *sel* vocant. Ihre, hoc verbo.

faveur des îles de la Zélande, un titre dont celles des Canaries avoient acquis le domaine. Ils ont fait dériver le nom de *Zélande*, de ZEE, *mer ;* mais toute île n'est-elle pas un pays de *mer*, et n'y a-t-il pas nombre d'Archipels dans différentes parties de la mer? Pour quelle raison donc auroit-on donné particulièrement aux îles du bas-Rhin, le nom d'îles marines, tandis qu'elles sont situées même en grande partie dans les eaux des fleuves ?

D'après les éclaircissemens que nous venons de donner sur ces lieux, l'origine du mot *Zélande* ne peut plus être équivoque : là où nous trouvons Saturne, nous devons trouver *piorum regionem*, la *région des bienheureux*, *des Elysiens ;* îles de *Zélande* et îles *Fortunées* doivent être identiques, et le sont en effet. Il y a même des écrivains qui, à travers les nuages de l'antiquité, ont aperçu que les ÎLES DES GENTILS, *insulæ gentium*, si intéressantes dans les livres sacrés, et les mêmes assurément que les îles Fortunées, étoient situées dans l'Europe (1).

Comparaison des mystères de l'Enfer, ou des îles du Bas-Rhin, avec ceux de quelques autres pays et surtout avec ceux de Samothrace.

Les mystères de l'Enfer sont le type de toutes les fêtes des mystères répandues dans

____

(1) Cambden, in Britannia, in princ.

II. 6

d'autres régions de la terre ; telles que celles des mystères d'Isis établies à *Saïs* en Egypte , d'*Eleusis* , *HELHUS* , près d'Athènes , de la déesse Cybèle en Phrygie , et de Samothrace.

Mais ces différentes fêtes ont insensiblement dégéneré de la pureté de leur institution primitive ; on y a vu régner avec le temps de grands et dangereux abus ; les mystères qui se sont le mieux soutenus , sont ceux de Samothrace ; cette île a été longtemps célèbre par son culte et ses cérémonies religieuses.

Les grands dieux de Samothrace étoient Pluton , Proserpine , Cérès et Mercure , les mêmes que les dieux de l'Enfer (1). On célébroit leurs orgies dans un *antre sacré ;* l'oracle de l'île, aussi fréquenté que celui de Delphes, étoit particulièrement consulté par les marins, comme l'oracle de Tirésias.

Le grand pontife de Samothrace purifioit de l'homicide, à l'exemple de la déesse Circé ; les fêtes de cette île étoient en général si augustes, si morales, si religieuses, qu'on regardoit Samothrace comme une île sacrée, et comme une école de vertu , où les initiés , selon le témoignage de Diodore de Sicile , deve-

_____

(1) Lucien in *Dea Syria* dit, que les samothraces, les phrygiens et les lydiens tenoient leurs rits religieux de *Attes* le dieu syrien.

noient plus justes, plus pieux et plus hommes de bien (1).

Telle est l'idée que l'antiquité nous donne de la majesté religieuse des mystères de Samothrace. Leur analogie avec les mystères de l'Enfer est frappante : nous nous sommes principalement attachés à rendre sensible cette espèce de parenté entre les deux îles ; parce que c'est un rayon de lumière qui éclaircit complétement un passage du plus grand intérêt , quoiqu'un peu obscur, du vieux Artémidore, auquel personne n'a fait attention , à défaut de connoître la nature de notre Enfer.

C'est Strabon, qui nous a conservé ce précieux passage dans la description de la Gaule. Après avoir rejetté comme fabuleux un récit d'Artémidore sur la manière dont on décidoit les procès dans un port de l'océan, d'après des indices qu'on tiroit de deux corbeaux, il ajoute que l'auteur nous donne des renseignemens plus admissibles sur *Cérès* et *Proserpine* , lorsqu'il dit, „qu'il existe dans la *proximité de l'Angleterre* „*une île* dans laquelle on célèbre les mystères „de *Cérès* et de *Proserpine*, selon le même rite qu'à *Samothrace* (2).

___

(1) Justiores , magis pii et meliores viri. Diod. sic.

(2) De Cerere vero atque Proserpina verisimiliora dicit (Artemidorus) *insulam Britanniæ proximam* in qua *similia Samothracibus*, Cereri et Proserpinæ sacrificia fiunt. Strabo, lib. 4, circa finem.

L'île indiquée par Artémidore ne sauroit être un problême, c'est l'île des Bataves , c'est l'île où Homère place le berceau des initiations aux mystères , et qui ne se trouve qu'à une petite distance de la Grande-Bretagne.

Ce témoignage aussi frappant qu'inattendu, s'accorde admirablement avec le récit d'Homère, et prouve que depuis le siècle de ce poète la cérémonie des initiations aux mystères s'est maintenue longtemps dans l'île du Rhin ; il démontre en même temps , qu'en scrutant profondément dans les archives de l'antiquité , nous ne manquerons pas de monumens , qui ont résisté aux outrages du temps , pour nous offrir des traces évidentes de notre première existence politique. Nous trouvons ici , comme par pur hasard, les mystères établis précisément dans le lieu chanté par Homère , comme nous avons trouvé un peuple *Elysien* dans le nord maritime de l'Europe , dans le temps où l'on regardoit les Champs Élysées comme une région imaginaire.

Une chose qui mérite d'être remarquée , c'est la comparaison qu'Artémidore établit entre les mystères de Samothrace et ceux de l'Élysée. Non-seulement ces insulaires , séparés de la corruption et du luxe du continent , avoient conservé leur culte plus intact , mais ils possédoient encore plusieurs noms primitifs qui indiquoient la source sacrée où ils les avoient puisés.

Les Samothraces étoient de l'aveu de tout le monde une colonie étrangère, qui s'étoit refugiée dans cette île (1), sans doute pour assurer d'autant mieux la tranquillité de son existence et son indépendance. Diodore de Sicile rapporte que, dans des temps très-reculés, (*olim*) ces peuples avoient fait usage de leur langue originale, dont on apercevoit encore de son temps plusieurs traces dans leur nomenclature sacrée (2). Ces noms oubliés, et qu'on ne comprend pas encore, parce qu'on en cherche l'étymologie dans les langues orientales, étoient ceux de leurs dieux et de leurs prêtres : ils donnoient à deux de leurs grandes divinités le nom d'*Axiokersos* et d'*Axiokersa* ; le premier est le nom de *Pluton*, et l'autre celui de *Proserpine*. Bochart fait de vains efforts pour trouver le sens de ces mots dans la langue syriaque ; mais le mot *Axiokersos* qui est un composé de grec et de flamand, est le même que *HEYLIG-KERS*, *Saint-Sauveur* ; il n'a changé de forme que dans *Axios* ou *Agios*, SAINT, qui se compose avec *KERS*, *Christ*, *Oint*, *Sauveur*. Nous appe-

____

(1) Nominasse insulam ferunt Samothracen, quod à græcis *sacra* insula interpretatur. Diod., lib. 4. cap. 4. in fine.

Samothrace ne signifie pas île sainte, mais Samothrace étoit une colonie de l'île sainte ; elle étoit sainte par la qualité de ses mystères.

(2) Cujus multa vestigia in *sacris* ad nostram usque ætatem perdurant. Diod. Sic.

lons *Kersdag* (1), *la fête de Noël* ; c'est précisément au jour de cette fête que répond la célébration des mystères de l'Enfer ; c'est pour cette raison qu'on a aussi appelé le mois de Décembre *Kersmaend* ; du temps de Charlemagne , il portoit le nom de *Heilig-maend* , *Mois sacré.*

Le chef de l'ordre sacerdotal de Samothrace se nommoit *Koer* ou *Koes* (2). Bochart fait , à son ordinaire , dériver ce mot de l'hébreu cohen , *Prêtre.* Mais il n'est pas question ici du nom d'un simple prêtre , mais du titre de *premier* prêtre ; le terme koer dans notre langue rend cette idée.

Koer est la même chose que le grec σκοπια, *specula* , observatoire, et *Koeren* le même que episkopein , *observare* , surveiller ; c'est du mot

---

(1) Kersdag , Christdag, *le jour de la naissance du Christ,* Noël. Kersmis, *de tyd der Kersdagen* , les fêtes de Noël. Halma dict.

Une des paroisses de la ville de Gand est nommée *Heylig-kerst* , saint Sauveur, c'est mot-à-mot *Agioskersos.*

Kers signifie lumière, *Heylig-kers* , sainte lumière , *Kersdag* , fête de la sainte lumière. Et comme cette fête se célébroit dans les ténèbres en commençant à *primis vesperis* , cette lumière luisoit dans les ténèbres, *lux in tenebris lucet* , et comme les ténèbres survenues dans l'intelligence des mystères ont obscurci cette lumière, *tenebra non comprehenderunt* , Dieu a envoyé le Sauveur pour nous restituer la lumière.

(2) *Kies* et *kier* , sont la même chose. Ten Kate , page 231. *Keur* ou *koer* , vient de *keur-beer* , legislator, judex. Ten Kate , eod.

episkopein que les grecs ont formé *episkopos*, *Evêque* ; semblable à un gardien posté sur un observatoire pour veiller à ce qui se passe dans les lieux circonvoisins, tel on considéroit un évêque, qui du haut de sa chaire doit toujours avoir un œil ouvert sur l'ordre et la police religieuse de son diocèse : il est naturel d'en conclure que c'est le mot *Koes* ou *Koer*, qui a fait naître aux grecs l'idée de former dans le même esprit leur terme *episkopos*.

Le *Koer*, ou le grand pontife, purifioit du meurtre ; c'est lui qui recevoit la confession des initiés. Telle étoit la force de la religion sur une conscience égarée, telle la confiance dans la bonté de l'être suprême, que les plus grands coupables ne faisoient aucune difficulté de déposer dans le sein de ces prêtres vertueux le secret de leurs crimes, pour pouvoir les expier et en obtenir le pardon par une pénitence salutaire ; c'est ce qui a fait dire à Virgile que Rhadamante, juge suprême et grand devin de l'Enfer, forçoit les coupables à révéler eux-mêmes leurs crimes, et les horreurs de leur vie.

Les fêtes des mystères de la Phrygie, consacrées aux mêmes divinités que celles de Samothrace, se distinguoient particulièrement par le spectacle des Corybantes, troupe de Prêtres de la grande déesse, qui en *chantant* et *dansant* faisoient un grand bruit dans les processions solennelles. On a comme d'ordinaire , inutilement cherché le sens de ce mot dans des sources étrangères. *Corybantes* est le même que *KOOR-BANDEN* , ou *KOORBENDEN* , *bande de chanteurs et danseurs* (1). Les grecs ont pris de notre mot KOOR leur XOROS , *cœtus canentium et saltantium*. (2). Rappellons - nous qu'Ulysse et ses compagnons à leur retour de l'Enfer trouverent dans l'île d'Æa les *chœurs de chants et de danses* , OTI KAI XOROI EISI. Rappellons - nous aussi que Bacchus en sortant de la barque de Caron trouvoit les initiés chantant et dansant.

Tant d'analogie entre les mystères de l'île es Samothraces , et ceux de l'île des Bataves , tant de mots de leur liturgie sacrée pris dans la langue du Bas-Rhin , n'indiquent-ils pas de la manière la plus évidente la patrie primitive des Samothraces ? Ce peuple étoit étranger à son île ; Pausanias l'appelle une colonie de réfugiés , *colonia profugorum* (3) ; cette définition donne le sens du nom *Samothraces* qui signifie un rassemblement de *réfugiés* ; les racines en sont SAMEN ,

____

(1) *Koor* , Chorus , multitudo canentium , Kilian.

Bande , *bende* , Grex hominum. Idem.

(2) XOROS , *koor*. Othon Reizius.

C'est dans l'île de Schouwen que sont ces *chœurs* (OTI XOROI EISI.)

(3) Profugorum è Samo pars in Thraciæ insulam , quæ olim Dardanio post ab ipsis est Samothrace nuncupata *coloniam* deduxêre. Pausanias , pag. 403.

ensemble, et TRECKEN (1), *voyager*, *émigrer*, *se réfugier;* les Samothraces étoient des émigrés qui dans leur voyage ayant emporté leurs dieux et leurs pénates, avoient pieusement conservé les noms sacrés de leur culte, comme l'église latine conserve les termes liturgiques *grecs*, imposés à la foi chrétienne dans les lieux de sa naissance. Il est curieux de voir comment Artémidore, qui ignoroit l'origine des Samothraces, s'est si bien rapproché de la vérité en assimilant leurs mystères à ceux de l'île des Bataves leur première patrie.

Diodore de Sicile, après avoir remarqué combien les mystères de Samothrace étoient propres à former les hommes à la vertu et à la piété, ajoute, que c'est pour cette raison que les plus illustres héros et les demi-dieux de l'antiquité ambitionnoient la faveur de cette initiation (2); il cite pour exemples Jason, Castor, Pollux, Hercule, Orphée. Il a tort cependant de confondre les héros avec les demi-dieux; un *demi-dieu* étoit un *héros initié*, mais les grands hommes, quelles que pussent être d'ailleurs leurs éminentes qualités, n'obtenoient le titre de héros qu'après s'être signalés par des bienfaits et

---

(1) *Trecken, reysen*, tendere, proficisci. Kilian.

On peut voir aussi sur ce mot Ten Kate, tom. 2, pag. 459.

(2) Ideoque vetusti heroes ac semidei qui præclari fuerunt initiari summopere cupierunt. Diod. Sic.

de grands actes de courage utiles à l'humanité,
et enfin après avoir passé par le cérémonial
sacré des mystères. Point de véritable héros
sans réligion, point de gloire sans l'avoir mé-
ritée par des actions généreuses. En figurant
Hercule comme l'emblême des caractères qui
forment les grands hommes, on a supposé qu'il
avoit été initié, pour avertir les hommes qui
possèdent des qualités héroïques, que c'est l'i-
nitiation qui est le complément du véritable hé-
roïsme. Cet acte religieux étoit le dernier degré
pour parvenir au titre de héros ; et c'est dans
cet esprit que les législateurs élysiens ont exprimé cette qualité par un terme qui signifie
précisément *initié* et *sauveur*. Ce mot est
held (1), il désigne aujourd'hui un *héros* ; il
vient distinctement de la même source que le
mot *hel*, enfer ; *held* est dans toute la force du
terme un héros INITIÉ, *geheld*. C'est toujours le
verbe HELEN, *cacher*, *faire mystère*, qui est la
racine mère de tout ce qui tient en Enfer
aux mystères, et à la sainteté de l'ancien culte.
HELDEN, *initier*, ou HULDEN, est passé de l'initiation aux mystères dans la cérémonie sacrée

____

(1) HELD, vir excellens, *héros*. Ten Kate, à la suite de la
racine *helen*, dit qu'il peut dériver aussi de l'anglo-saxon
heldan, SERVARE ; car, ajoute-t-il, celui qui n'est pas *sauveur*
né mérite pas le titre de *héros*. *Held* est un terme dont on n'a
pas l'équivalent dans d'autres langues. *Héros* veut dire *roi* ;
her-man, homme de cœur. *Held* est un héros initié.

de l'initiation des souverains Belges. *Hulden* (1) signifie *inaugurer*, *initier*, *sacrer*. *Huldinge* est le nom du *sacre* des anciens princes, il marque la cérémonie auguste de leur intrônisation, dans laquelle, après avoir reçu le serment de fidélité de leurs sujets, ils leur promettoient, par un serment réciproque, un bon gouvernement. Faisons attention que la déesse Circé, après avoir reçu la foi et les hommages d'Ulysse, lui a prêté un serment dans le même genre. L'initiation imprimoit un caractère sacré à la qualité de héros bienfaiteur, comme l'inauguration imprimoit un caractère sacré au titre de souverain, c'est ce qui a fait donner à cette solennité le nom de *sacre.*

Voilà les ténèbres cimériennes parfaitement éclaircies : et l'évocation des morts, ce prétendu art magique, réduite à des termes aussi simples que salutaires. Rien de surnaturel dans l'histoire d'Ulysse ; c'est le tableau de l'inauguration à la république élysienne, c'est la représentation de son culte, c'est le développement de ses dogmes et de ses mystères.

Le mot *hel*, comme nom de la cité sainte, est devenu le surnom de Jupiter ; les anciens l'ont appelé *hel*, ou *hellenius.*

Junon et Minerve portoient aussi un surnom,

---

(1) *Hulden*, inaugurare principem. Ten Kate, au même verbe *belen*, qui en est la racine.

dans lequel on avoit conservé le mot original *hel* ; c'est celui de *helotes* , il veut dire *surveillance du hel* (1). On regardoit ces deux déesses comme les protectrices spéciales des Enfers ; c'est sur la *religion* et la *sagesse* , dont elles étoient les symboles, que reposoit la république élysienne.

Le mot *hel* (2) est passé aussi dans les langues orientales ; les hébreux s'en servent dans les composés , pour signifier *Dieu*, ou *Divin* ; *Beth-el* signifie *maison de Dieu* , ou maison *sainte*. *Beth* veut dire *maison :* les noms de leurs anges et ceux des chaldéens ont communément leurs terminaisons en *el*. Tels sont *Micha-el* , *Gabri-el* , *Rcpha-el*, etc. *Heli-as* , nom du prophète qu'on croit avoir été emporté aux Enfers, signifie *chef* ou seigneur du *hel.*

On sait qu'un des séjours des muses s'appeloit *Hélicon ;* que *Helle* , sœur de Phryxus, a donné son nom à l'*Hellespont* , et que Phryxus a porté la toison d'or à Aëtes, roi de la Colchide , frère de *Circé.* Phryxus annonce visiblement son origine de la *Frise* , qui comprenoit

---

(1) Le mot *Helotes* est composé de *oti* et de *hel* ; *oti* , en grec, signifie CURA, *soin*. C'est des mêmes racines qu'on a formé le mot *patri-ote* , pour dénoter quelqu'un qui prend *soin* de la *patrie.*

(2) *Hemel* , ciel , est formé de *hem* , séjour , et de *el* , *hel* , saint. Le ciel est le séjour des saints. Saturne s'appeloit aussi *hel*. Gebelin , tome I , p. 59.

autrefois aussi le pays où l'île de Circé étoit située ; on a déjà remarqué que *eleusis*, le sanctuaire des athéniens, est formé de *el-hus*. Ce mot est synonyme de HEMEL, *ciel*, *maison sainte* ; tout est enchaîné à notre *hel* ; de quelque côté qu'on se tourne, on nous renvoie constamment vers les bords de l'*Helium* ; c'est là où nous allons aussi trouver le valhalla et l'enfer des Scandinaves.

Des Scandinaves, du dieu Odin, des deux Edda, de leur Valhalla et de leur Enfer.

Les champs élysées (1) des Grecs sont le valhalla des Scandinaves ; ceux - ci rapportent leur civilisation à un homme extraordinaire nommé Odin, pour lequel on a porté la vénération et la reconnoissance jusqu'à lui rendre des honneurs divins.

Quoiqu'il règne beaucoup d'obscurité dans l'histoire d'Odin (2), le fond n'en est pas moins vrai, il est constaté par des monumens et une tradition irrécusables.

L'histoire porte que ce célèbre personnage est étranger à la Suède, et qu'il a introduit de

(1) Les Grecs donnoient au paradis de la Mythologie le nom de *Champs élysées* ; les Scandinaves appeloient leur paradis *Valhalla*.

(2) Étymologie d'*Odin* dans la langue bretonne, voyez Cambry, monumens celtiques.

grands changemens dans les usages, le gouvernement et le culte des habitans (1) ; mais quel est le pays d'où il est venu, et dans quel siècle a-t-il vécu ? Voilà des questions sur lesquelles on ne nous débite que des récits romanesques.

Si l'on devoit s'en rapporter à Snorron Sturlæson, auteur de la seconde Edda, de Saxon le grammairien et d'autres, Odin aurait été contemporain de César, et auroit demeuré entre la mer Caspienne et le pont Euxin (2). Selon ces auteurs, il a quitté son pays avec une troupe de compagnons à l'approche de l'armée de Pompée, poursuivant Mithridate. Après avoir traversé, dans sa fuite, l'immense espace qui sépare la mer du Nord de sa patrie, Odin, à son entrée en Allemagne, s'est emparé de la Franconie, de la Saxe occidentale ou Westphalie, et de la Saxe orientale ; on nomme ses enfans qu'il a préposés au gouvernement de ces provinces. Parcourant de là en vainqueur tout le pays, Odin s'est enfin rendu maître de la Suède, où il a établi le siége de son empire.

Tel est en substance le détail ou plutôt le roman de cet homme.

---

(1) Brackmannes, mages de Perse, prêtres chaldéens, pontifes d'Egypte, tous se disoient étrangers au pays qu'ils habitoient. Il n'y a que les druïdes qui se déclarent indigènes.

(2) On a brodé sur ce personnage une histoire aussi singulière qu'invraisemblable.

Il n'est pas nécessaire d'abord de remarquer qu'à cette époque il n'existoit pas , dans toute l'Allemagne, de contrée nommée *Saxe* ; on n'en trouvoit pas même deux siècles après, du temps de Tacite. Mais est-il croyable qu'un étranger avec une troupe de fugitifs , soit parvenu à franchir librement de si vastes pays, et qu'après un si prodigieux voyage , il se soit emparé sans résistance (car on n'en parle pas) de l'Allemagne qui a si vaillamment défendu son indépendance contre les forces romaines ? Et Odin, s'il eût été si puissant, devoit-il prendre la fuite devant l'armée de Pompée ? Un guerrier qui auroit fait de si brillans exploits auroit sans doute éclipsé la gloire de tous les héros de son temps , et son nom auroit retenti par toute l'Europe. Cependant aucun auteur contemporain n'en parle , son nom n'est pas connu dans César , Diou Cassius , Pline , Tacite , ou dans quelqu'autre écrivain qui a traité de l'Allemagne. Ce n'est que dix à douze siècles plus tard qu'on est venu nous débiter ces prodiges.

Il n'est pas difficile de déviner pourquoi on fait venir Odin des bords de la mer noire ; on a vu que les cimmériens de ces contrées étoient frères des cimmériens du Bas-Rhin ; ils parloient la même langue , et Aëtes leur roi étoit frère de Circé. C'est par suite de la même erreur que plusieurs auteurs ont fait descendre les premiers francs des rives du palus méotides. Le

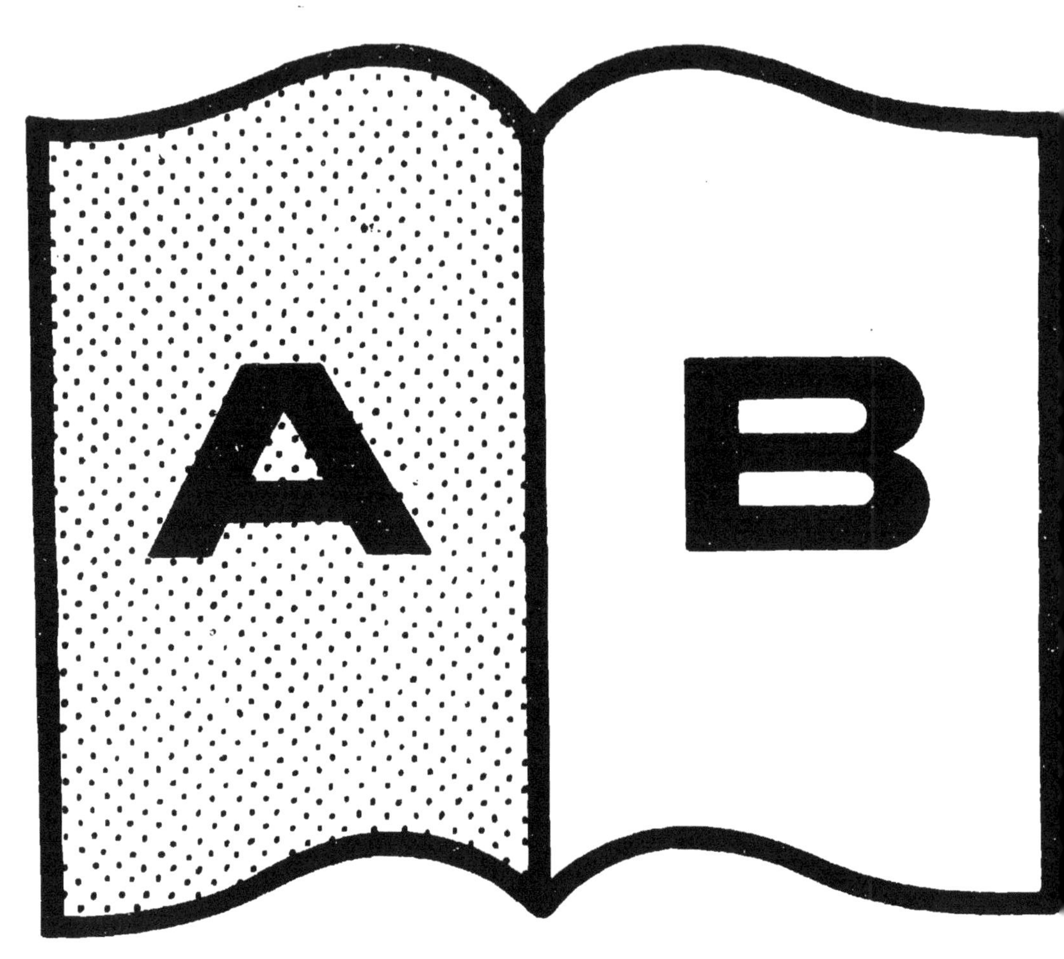

Contraste insuffisant

NF Z 43-120-14

titre d'*As*, que portoit *Odin*, et celui d'*Azes* qu'il donnoit aux douze assesseurs de son conseil, ont sans doute contribué à cette méprise; leur ressemblance avec le mot A s i e, a fait croire qu'ils appartenoient à cette partie de la terre. Eccard, auteur allemand estimé, a aperçu la fausseté de cette opinion; selon lui Odin est parti du nord de l'allemagne; mais ce n'est pas là sa Patrie; Odin est venu de la région de la terre qui est la patrie des premiers législateurs de toute l'antiquité; Odin étoit *Saxon*, ou mathématicien, on lui donne ce surnom dans la formule du serment des anciens peuples du nord, il y est nommé *Saxen-othe*, *Odin le Saxon*. C'est sans doute cette épithète qui aura donné lieu à la fable de sa conquête de la *Saxe*.

On se souvient que le rivage de la Morinie étoit nommé *Saxonique*, à cause des ouvrages hydrauliques qui couvroient cette côte. On trouve dans la vie du saint (1), dont la ville de St. Omer à pris le nom, que cette dénomination de *Saxonique* subsistoit encore de son temps. Odin en arrivant dans la Suède y a bati une ville à laquelle il a donné le nom de *Sigtuna*, il y a établi le trône de son empire, et le tribunal de ses douze Azes; St. Omer s'appeloit anciennement *Situn*; on n'a pas oublié

______

(1) Acta sanct. Belgii selecta, in-4. tom. 3. p. 630.

qu'il existoit du temps de Tacite des *Sithones* en Suède, que les norvégiens sont des émigrés Sithones, qui, selon Cluverius, dans le 8me ou 9me siècle ont peuplé l'Islande ; à présent on devine sans ambiguïté la patrie de l'idole des Scandinaves.

Odin le *Saxon* (1), prètre et philosophe, aura passé et dominé en Suède comme les mages dans la Perse, les prètres chaldéens à Babylone, les prètres saïtes, *Saxons*, en Egypte, comme Aëtes prètre d'Apollon dans la Colchide, et comme nous avons vu des missionnaires catholiques dominer parmi des hordes sauvages en Amérique. Les conquètes de ces pontifes - rois avoient pour but la propagation des sciences, du culte, des institutions sociales ; leurs armes étoient la voix douce de la persuasion, des leçons de vertu, de morale, de religion. Nous avons déjà vu à quel climat appartiennent les termes *az*, *azes* (2), et où existe la ville d'*Asgard* ou *Asbourg*.

Les deux Edda (3), dans lesquelles on chante

(1) Odin, selon l'Edda Sæmundar, va trouver l'omniscius gigas *Valthrud*, *Alsvitther*, p. 6. *Alweter*, et pour cela il entreprend un long voyage. C'est pour s'entretenir avec lui, ou plutôt pour disputer sur les anciennes lettres ou mystères *stavfen*. Ce Valthrud est l'omniscius *Atlas*, etc.

(2) Voyez page 115. et suiv. du premier vol. de cet ouvrage.

(3) On interprète communément Edda par le mot *aïeule*, parce qu'en suédois Edda signifie aïeule. *Edda* est formé de *ed*, qui signifie *temps*, et dont on a formé notre mot *eden* ou

la gloire d'Odin, sont des recueils mythologiques
que le charme, la structure et l'harmonie des
vers a conservés dans la mémoire des Scaldes.
Ce sont sans doute, comme M. Mallet a bien
observé, en grande partie des restes précieux
de cette multitude de vers que les druïdes
faisoient apprendre à leurs disciples, et qu'Odin
aura apportés dans sa nouvelle patrie. On ignore
l'époque de l'émigration de ce législateur; selon
la chronique de Beda, elle seroit de quelques
siècles postérieure à Pompée (1). Mais on parle
aussi d'un autre Odin beaucoup plus vieux; ce
qui pourroit faire présumer que le dernier n'a
fait que rétablir ou perfectionner un culte déjà
établi chez le même peuple.

Le paradis d'Odin est nommé *Valhalla* ou
Walhal; son identité avec les Champs élysées
se manifeste sous différens rapports. Les Champs
élysées sont une congrégation d'hommes sages
ou heureux, *respublica justorum*; le Valhalla est
aussi *aula beatorum*, ce qui revient à la même
idée.

---

heden, temps présent; l'*eden*, temps passé. Il veut donc dire
ed boek, livre du temps, chronique. Edda signifie *aïeule*, comme *urans* ou *ubren* en allemand *grand-aïeul*.

(1) Navibus usi sunt *Sitones* Norvagiæ populi jam ante
Plinii tempora, navigaruntque vastissimum mare septentrionale, quod est inter Norvagiam et Islandiam. Nec dubium est
hanc insulam primos incolas accepisse ex Norvagiâ. Cluverius,
lib. 1. cap. 18.

Elysée vient du verbe *helen*. Ten Kate fait dériver le mot *hal* de la même racine.

Les Champs *élysées* ont donné à la branche du Rhin dont ils sont arrosés, le nom d'*Helium*; le *Valhalla*, WALHAL, a donné son nom à la même branche; le bras occidental du Rhin qui borde l'enfer, ou l'île des Bataves, s'appelle encore de nos jours *Walhal* (1), par contraction *Waal*; César, Tacite et d'autres disent *Vahalis*.

En considérant que le mot *gaulois* signifie *heureux*, l'expression *aula beatorum* est la même que celle de *aula gallorum*. Or, comme l'île arrosée par le Valhalla est la cour ou demeure de Pluton, cela répondra parfaitement à la tradition qui rapporte à ce dieu l'origine de la nation gauloise.

Quant à l'enfer des Scandinaves, il est question de ce lieu dans la 29me fable de l'Edda de Snorron. Balder, fils d'Odin, étant mort, son frère Hermode se chargea, à la réquisition de sa mère, de se rendre dans l'enfer pour le racheter, et le ramener à la lumière. C'est une fable dans le goût de celle qui fait descendre Orphée aux enfers pour en retirer sa femme Euridice. Hermode (2) monte à cheval, et court *neuf jours et*

(1) Catullus appelle le WAHAL, *gallicus Rhenus*.

(2) Hermode va dans l'enfer pour se réclamer de *Hela*; il se rend ad *Giallam* amnem, alias STYGEN, en neuf jours, du Danemarck. Saxon gramm. p. 96. Le pont étoit gardé par une vierge nommée MODGUDER. *Gialla* est visiblement le *Walhal*. *Modguder* est peut-être *Moerdyck*.

neuf nuits pour y arriver. Etant enfin entré dans l'enfer, le héros y trouve HELA (*la mort*), et lui demande le retour de son frère, en l'assurant que les Dieux étoient vivement affligés de sa perte.

La distance de *neuf jours* et de *neuf nuits* de chemin, qui répond assez bien à la distance de l'empire d'Odin à l'île des Bataves, le mot *hela*, le même que *hel*, le site du Valhalla, qui, comme les Champs élysées, s'enchaîne au site de l'enfer ; toutes ces circonstances nous font clairement reconnoître dans l'enfer du Bas-Rhin, l'enfer des Scandinaves. *Hela* personnifiée est la déesse de l'enfer, c'est la Persephonée des Grecs ; on rend ce mot par celui de la *mort*. PHONOS, dans Persephonée, indique aussi la mort ; son domaine étoit consacré au dépôt des morts et à l'évocation des mânes.

Si le nom de *Champs élysées* est passé en proverbe pour désigner de *beaux jardins*; le mot *Valhalla*, réduit à sa première forme, se trouve appliqué au même objet. *Walland* et *Walschland* étant, comme nous l'avons vu, synonymes, *Walhal* et *Walsch-hal* le sont aussi. Or, *Walsch-hal* équivaut au mot gaulois *Waux-hal* (1) ; et ce terme est devenu, comme on sait, le nom favori des jardins de délices. Cela ne doit pas surprendre,

______

(1) La terminaison teutone *alsch* devient *aux* en gaulois. C'est ainsi que *falsch* en allemand se rend par *faux* en gaulois.

nous aurons plus d'une occasion de rencontrer des vieux termes ou adages que le hasard ou l'effet naturel des circonstances tire de l'oubli , et qu'on regarde néanmoins comme neufs ; tels sont entr'autres les termes *Toris* et *Wighs* , si célèbres en Angleterre. On les croit nés dans les troubles du 17me siècle ; ces guerres n'ont fait que les ressusciter : ils tiennent aux cérémonies des premières initiations religieuses.

L'Edda Sæmundar fait mention du *Rhin comme d'une rivière qui traverse l'empire des Dieux* ; on peut vraiment comparer les eaux de ce fleuve à une fontaine de vie *qui a inondé toute la terre.* La vénération des peuples pour ses eaux étoit extrême : on les regardoit comme sacrées , et leur culte étoit tellement enraciné , qu'il a duré encore plusieurs siècles après l'établissement du christianisme.

Du Rhin.

On a déterré à Cologne des pierres et des statues portant l'inscription *Deo Rheno.* Tacite nous apprend que le général batave Civilis , voulant relever le courage de ses troupes dans une bataille qu'il alloit livrer aux Romains, leur représenta qu'elles alloient combattre à la vue et sous les auspices du *Rhin* et *des autres Dieux* de la Germanie (1).

---

(1) Rhenum et Germaniæ Deos in conspectu, quorum numine capesserent pugnam. Tacitus histor. lib. V. cap. 17.

Le Bas - Rhin, comme nous avons vu, a eu différens noms : il étoit appelé *Helium*, comme parcourant les Champs élysées ; *Walhal*, à cause qu'il arrosoit le Walhal ou Valhalla ; *Acheron*, par la raison qu'il étoit le fleuve de l'extrémité de la terre ; *Cimmérien*, parce qu'il arrosoit le pays des Cimmériens ; son nom de *Rhin* est aussi appellatif : il est né de l'ancien culte. On se souvient qu'il veut dire fleuve *purificatoire* (1), comme formé de RHYNIGEN, *purifier*. C'étoit dans le Rhin que les initiés se purifioient avant leur admission aux mystères ; on réputait ses eaux saintes et salutaires, *aquæ venerandæ* (2), comme à leur exemple on a réputées sacrées les eaux du Gange et du Nil.

Le respect qu'on portoit au Rhin fût, avec le temps, poussé jusqu'au dernier degré de superstition. On étoit parvenu à attribuer à ses eaux une si grande vertu *purifiante*, qu'on les croyoit propres à devenir le juge et le vengeur de la *pureté conjugale*. C'est dans cette croyance que les peuples voisins du Rhin exposoient leurs enfans dans la rivière pour juger s'ils étoient légitimes ; et on ne les réputoit tels que dans le cas où ils surnageoient. Ce singulier et barbare usage est attesté par l'empereur Julien, par

______

(1) Voyez page 210 et suiv. du premier vol. de cet ouvrage.

(2) L'Anthologie, première lettre du chapitre XXXXIII. du livre premier.

Claudien, et par Saint Grégoire de Nazianze. La lettre de l'Anthologie que nous venons de citer, nous donne le détail de la cérémonie.

Les courageux celtes, y est-il dit, éprouvoient dans les ondes rapides du Rhin la légitimité de leurs enfans (1). Ils ne se croyoient pères qu'après les avoir vu *purifier par ses eaux vénérables.* Du moment que l'enfant répandoit ses *premières lar-mes,* ce qui, comme observe très-bien Des Roches (2), n'arrive que vers le 40ᵐᵉ *jour de sa naissance,* car avant ce terme les enfans poussent des cris et des gémissemens, et ne pleurent pas, le père le couchoit dans le creux d'un bouclier, et dans cet état il l'abandonnoit à la merci des vagues sans s'en mettre en peine ; car, disoit-on, il ne sent pas la force de la tendresse paternelle tant qu'il n'est pas déclaré *père* par un fleuve qui réprouve des fruits adultérins. La mère est présente à l'épreuve ; et quoique rassurée par une conscience pure, elle attend néanmoins, en tremblant, le jugement d'un élément capricieux.

L'aveuglement sur la vertu de ces eaux duroit encore au 14ᵐᵉ siècle ; Pétrarque assure avoir vu, la *veille de la Saint Jean-Baptiste,* une infinité de femmes qui plongeoient les bras dans les eaux

____

(1) *Rhenus* iber contra infantes armatur, sed tamquam judex et occultum partum generationis. *Dionysiacorum* lib. XXIII. versu 93. *Ibid. In margine :* Rhenus imber incesti concubitus vindex. Poeti græci veteres, tom. II. pag. 453.

(2) *Recherches sur l'ancienne Belgique,* pag. 279.

du Rhin. Elles étoient parées de fleurs, avoient les manches retroussées, et murmuroient certaines paroles. On donnoit pour raison de cette pratique, que le peuple, et surtout les femmes, avoient cru de *toute antiquité*, qu'au moyen de cette *ablution* on noyoit dans les eaux du Rhin les calamités d'une année entière, et qu'on se procuroit des jours heureux ; c'est pourquoi on répétoit tous les ans une purification si salutaire. Il n'est pas inutile de remarquer que cette espèce de *baptême* avoit lieu la veille de *Saint Jean-Baptiste*, le Rhin étoit le grand *Jourdain* de nos ancêtres.

L'existence de la République des Champs élysées est maintenant constatée d'une manière qui ne laisse rien à désirer. Mais on se rappelle que Saint Clément d'Alexandrie n'en fait mention que conjointement avec deux autres Républiques, celles des *Hyperboréens* et des *Arimaspiens*. Ce savant docteur a eu raison de confondre ces trois Républiques ; les Hyperboréens, les Arimaspiens et les Elysiens, sont un même peuple, et composent, sous différens noms, une seule et même République.

Des Hyperboréens.

Par Boréens on entend des peuples du nord : Borée est le dieu du nord ; mais quel est le peuple que les Grecs ont désigné par le nom d'*Hyperboréens* ? Le mot *uper* doit nous donner la solution. *Uper* en grec a différentes acceptions : il signifie entr'autres ULTRA, *au-delà* ; et en le prenant dans ce sens, on a regardé les *Hyperboréens* comme une nation placée au-delà de Borée, ou vent du nord, *ultra aquilonem.* Mais cette interprétation, quoique très-commune, ne présente pas même un sens intelligible. Que veut dire être placée au-delà de *Borée ?* La particule grecque UPER signifie aussi SUPER, *supérieur.* Dans ce sens, elle équivaut au flamand UPPER ou OPPER, *supérieur* ou *ultérieur :* jointe au nom d'un peuple, d'un pays ou d'un fleuve, elle en indique la partie supérieure ; c'est ainsi que UPPER-EGYPTEN veut dire *Ægyptus-superior,* ou la *Haute-Égypte.*

D'après cette explication, il n'est pas difficile de comprendre le sens primitif que les Grecs ont donné au mot Hyperboréens ; ils ont voulu désigner les peuples du nord les plus éloignés de la Grèce ; mais qui étoient ces peuples ? Sans doute ceux qu'ils regardoient comme les derniers peuples de la terre, *extremi hominum,* et ceux-ci étoient les habitans des bords du Bas-Rhin (1).

Nous trouvons donc les hyperboréens ici sur les bords du Bas Rhin, ou dans la même ré-

---

(1) Les Hyperboréens avoient apporté à l'île de Délos des tables ou cartes qui donnoient une notice de l'enfer, etc. Cette île passe pour être la patrie d'Apollon et de Diane ; cela veut dire que le culte de ces deux divinités a passé dans cette île, qui de là a été nommée sainte.

gion où nous avons découvert les élysiens leurs confrères.

En parcourant les environs de ce fleuve on ne sera pas étonné d'y voir placés les boréens; les noms de plusieurs endroits en offrent des traces parlantes. On en distingue trois qui méritent de fixer notre attention, *Bornisse* en Hollande, *Bornhem* en Flandre, et *Borssele* en Zelande.

Bornisse est un canton très-connu dans les fastes de la Hollande ; mais dont l'ancien local n'est pas constaté avec précision ; ce qu'il y a de certain, c'est qu'on en parle toujours comme d'un lieu contigu à un autre nommé *Heidensée*, et qu'on les a pris pour la ligne de démarcation entre la Hollande et la Zelande. Le mot *Heidensée* est composé de *Heidens*, *Gentils*, et de *ee*, *île* : il signifie à la lettre *île des Gentils :* les îles du Bas-Rhin étoient les *insulæ Gentium*, les îles fortunées de l'ancien monde.

Quoiqu'on ne soit pas d'accord sur la localité de *Bornisse*, les géographes hollandais conviennent cependant qu'elle doit se trouver dans la direction et à proximité de *pernisse*, endroit qui existe encore sur les bords du Rhin. Halma, dans son grand dictionnaire au mot *Bornisse*, dit sur ce point :

»*Bornisse*, ou *Bornesse*, autrefois bourg, a »été englouti par les eaux, et il n'est plus pos-»sible de déterminer le lieu où il a existé.

„Tout ce qu'on peut tirer des vieilles chartres,
„c'est que *Bornesse*, ou *Bornisse*, et *Heidensée*,
„ont été autrefois les limites de la Zélande.

Ensuite après avoir rapporté des anciens
statuts du pays, et quelques autres autorités,
qu'on peut voir dans l'ouvrage, l'auteur conclut „ que tous ces monumens semblent nous
„conduire *comme par la main* à trouver *Bor-*
„*nisse* à l'endroit où est présentement *Pernisse*.

Boxhorn place également *Bornisse* dans le
district de *Pernisse*, et il invoque en témoignage une borne posée dans cet endroit en 1314.

Ce qui frappe particulièrement dans ces passages, c'est le mot *Pernisse*, la ressemblance
avec *Parnasse* rappelle à notre souvenir tout
ce que nous avons dit plus haut sur l'origine
de la ville et de l'oracle de Delphes (1) ; cette
ville a été fondée au pied du mont *Parnasse*,
ses fondateurs étoient des *hyperboréens*, et on
y distingue particulièrement *Olen*, dont le nom,
comme il a été démontré, est le même que
olenlander, ou *hollander*.

Quant à Bornhem en Flandre, son nom signifie à la lettre séjour des *Boreéns* ; *hem*, le
même que *heim* en allemand, veut dire *demeu-*
re, *séjour*.

C'est à Bornhem, vis-à-vis de Tamise qu'il
y a vingt ans on a déterré sur les bords

***

(1) Voyez page 91. et suiv. du premier vol. de cet ouvrage.

de l'Escaut une statue de *Jupiter* dont on trouve la description dans les mémoires de l'académie royale de Bruxelles. Cette idole portoit sans doute le titre de *Jupiter hammel*, puisque le port de Tamise, près duquel elle étoit *honorée*, se nommoit port d'*Hammel* ou *Hammel-bergh*.

Cette anecdote se tire de la vie de Ste. *Amelberghe*, patrone du lieu et propriétaire de la seigneurie de Tamise. On n'a sur l'histoire relative à cette dame que des traditions vagues, tant son existence est antique; mais ce qui est à considérer, c'est que dans son siècle, et même longtemps après, les noms des grands fiefs étoient communément *les noms de familles des seigneurs féodaux*; de sorte que d'après cet usage on peut conclure que le *port* de Tamise s'appelloit *Amelbergh*.

Les agiographes belges, quoique peu accoutumés à rechercher les étymologies des noms des saints ou des lieux, se sont cependant donné beaucoup de peine pour trouver celle du mot *Amelbergh* (1), mais leurs efforts n'ont produit aucun résultat heureux, et ils semblent en convenir eux-mêmes; cependant le sens du mot est simple et se présente heureusement.

Amel-berg est composé de *amel* ou *hamel*, et de *berg*: *hamel* signifie *mouton mâle*, ou *béliér*, et dans cette signification c'est le nom du premier signe du zodiaque; quant au mot

---

(1) Voyez Acta sanctorum Belgii selecta. Brux., 1784. in-4. tome IV. pag. 626. et 627.

berg, quoiqu'il signifie *mont*, et que ce soit dans cette acception qu'on le prend communément aujourd'hui, nous avons vu qu'il dénote aussi *port*, et dans ce sens nos ancêtres en ont fait un fréquent usage. GEERTRUIDENBERGH, *port de Gertrude*, SEVENBERGEN, *sept ports*, portent le nom de *berg* non à cause d'un mont, car ils sont situés dans des plaines ou lieux bas, mais à cause qu'ils sont des *ports*. *Berg*, comme on a observé vient de BERGEN, *cacher*, *déposer* ; c'est donc un terme très-proprement adapté à un lieu qui est de sa nature destiné à *cacher* et sauver les vaisseaux contre les dangers des flots et des vents. Consultons les géographes du nord ; ils nous apprendront que c'est dans le même esprit qu'on a donné le nom de *Bergen*, Bergues en français, à la capitale de la Norvège qui posséde un excellent port (1).

La ville de Gand étoit autrefois un port de mer ; il est nommé *Portus Gandæ* dans différentes chartres de la famille de Charlemagne. C'est dans son port que ce prince fit construire sa flotte destinée contre les normands. Les vestiges des lieux de son ancien port se présentent encore dans les noms de deux principales rues de la ville ; la première se nomme HAUTPORT, *hoogpoort*, quoiqu'on ait changé

---

(1) Verè BERGEN dicitur à BERGEN, quod idem est ac *condere*, *abscondere*, quia naves ibi *conduntur*, *absconduntur*. Descripcio Norvegiæ.

par corruption ce mot en *haute porte*. L'autre rue est *onderbergen*, son nom indique *bas-port*, *onder* veut dire. BAS, et *berg*, PORT.

On peut donc croire que *Amelberg* ou *Hamelberg* veut dire *port d'Hammel*, que c'étoit le nom du port de Tamise, comme il étoit le nom de la dame propriétaire, et que le Jupiter qu'on y a déterré, étoit le Jupiter *Hammel*, type du fameux Jupiter *Hammel*, ou *Ammon* de Lybie, sur l'origine duquel Hérodote débite des choses si merveilleuses. Selon lui deux colombes s'étant envolées de la ville de *Thébes* sont venues fonder, l'une en Lybie le temple de Jupiter Ammon, l'autre en Épire le temple et l'oracle de Dodone. Le mystère de cette narration allégorique provient d'une équivoque dans le mot grec PELAIAI, par lequel on a désigné les deux fondatrices, on a pris le mot PELAIAI pour des colombes, tandis qu'il désignoit des *navires*. C'est une méprise semblable à celle qu'on rélevera sur le même mot dans la fable de Scylla.

Reste le troisième lieu qui nous donne des notions sur l'ancienne race des Boréens; ce lieu est *Borssele* une des îles de la Zélande. Son nom composé de *Bors*, et de *Sele*, en latin SALA, ou Salia, veut dire *salle des Boréens*, ou *lieu des comices de ce peuple* (1).

____

(1) *Sala* signifie COMITIUM, *lieu d'assemblée.* Mens. Aluing, p. 68.

En traitant de l'étymologie de *Franci Salii*, que quelques-uns font dériver du fleuve SALA, Alting tire ce mot de SALA, *comitii loco* (1).

Salle étoit le nom du sanctuaire où les chefs du peuple tenoient leurs assemblées pour régler les affaires publiques ; le mot SALE (2) a la même racine que SALIG, *beatus*, SALIGHEID, *salus*. On regardoit comme *sacrés*, SALIG, les lieux où les gouvernans tenoient leurs séances ; c'étoit là où l'on statuoit sur le *salut*, SALIG-HEID, de l'état, on donnoit aux loix qui en émanoient l'épithète de *saliques*, SALIGE WET-TEN, loix *salutaires* ou *sacrées*.

On voit du récit de Platon sur l'atlantide que le gouvernement des atlantes étoit fédératif, partagé en dix provinces, dont chaque *chef régnoit sur ses propres sujets* et selon ses loix. C'étoit une société de souverains qui a servi de modèle à celles des amphyctions en Grèce, et qui étoit établie en conséquence d'un ordre précis de Neptune, exprimé dans une loi res-

______

(1). *Nam malim illud accersitum a multitudine hominum, quam aquarum.* Menson Alting, pag. 115.

La coutume décrétée d'Ipres a pour titre : coutume de la ville, *salle* et châtelenie d'Ipre.

(2) *Sale*, cœnaculum, aula. Cimbricè *salur* et *sal*. Germ. *saal*. Et notet hic lector gallus, legem *salicam* ita dictam esse, non a flumine Sala, sed a theotisco nomine Sal, propterea quid in regum et principum palatiis et *aulis* leges ferri solebant. Hickesius, ling. vett. septentrion. thesaurus, tom. 1. part. 2. pag. 97.

pectée et gravée sur une colonne qui étoit dans son temple. C'est dans ce temple que les dix chefs s'assembloient alternativement tous les cinq ou six ans et où ils délibéroient sur les affaires publiques.

Suite sur les Boréens : Origine de l'astronomie et des sciences mathématiques : le Cycle luni-solaire de dix-neuf ans.

Diodore de Sicile place les Hyperboréens dans une île : il veut faire entendre sans doute par cette île principale, celle où les chefs des Hyperboréens tenoient leurs assemblées. Toutes les apparences se réunissent en faveur de l'île de *Borssele*, ou *salle des Boréens*, qui pour cette cause étoit la capitade de l'état entier.

Il dit que les personnes qui chez eux gouvernoient l'*Eglise* et l'*Etat* s'appeloient *Boréades*, que ces théocrates étoient de la race de Borée, et qu'ils succédoient à l'empire par droit de famille. *Boréades* vouloit donc dire *chefs Boréens*; ce titre s'est perpétué dans le gouvernement politique de la Flandre. Il est demeuré attaché aux quatre premières dignités de cette province jusqu'à l'époque de sa réunion avec la France. Ces quatre grands dignitaires portoient le titre de Beers, *Boréades* (1). Nous donnerons l'étymologie du mot dans un autre chapitre.

____

(1) Ces titres étoient attachés aux villages de Chisoing, Heyne, Pamele, et Boulers.

Les détails que Diodore nous donne sur cette île sont courts, mais infiniment énergiques et intéressans ; chaque phrase est un rayon de lumière qui éclaire sur la naissance et les progrès de l'astronomie.

»On débite, dit l'auteur, que la lune se montre »dans cette île à peu de distance de la terre, »et qu'on découvre clairement sur son disque des »monceaux terrestres» (1).

Comment la lune, qui ne quitte pas l'écliptique, peut-elle quelquefois se trouver si près du pays des Hyperboréens, que d'un commun accord on suppose exister vers le nord? L'impossibilité de répondre directement à cette question, démontre seule que le récit de ce phénomène doit être pris en sens allégorique. Dans cette supposition, le sens n'en est pas difficile à saisir : le passage de Diodore veut dire que les Hyperboréens possédoient des moyens pour rapprocher la lune et les corps célestes de leur vue. Bailly a senti cette vérité, et l'a exprimée d'une manière satisfaisante. Cet auteur (2), en discutant la question de savoir si les anciens ont fait usage de tubes astronomiques, allègue de fortes raisons en faveur de l'affirmative. Il fait valoir entr'autres, avec beaucoup de justesse, le passage de Diodore qu'on

____

(1) Ferunt lunam in hac insula videri parum a terra distantem, ac terrestres quosdam cumulos habentem in se manifestos. Diod. Sic.

(2) Bailly, Histoire de l'astronomie, page 82.

vient de transcrire : "Il y a certains peuples, "dit-il, qui alloient jusqu'à dire qu'on voyoit "distinctement des montagnes dans la lune;" ce sont les Hyperboréens qu'il a en vue. " Comment, "continue-t-il, a-t-on vu ces montagnes; com- "ment ces peuples ont-ils pu adopter cette idée "sans qu'elle fût démontrée par le télescope?"

Reprenant ensuite le même sujet dans son astronomie moderne (1), l'auteur croit que les tubes astronomiques ont été connus d'Hypparque et de Ptolomée ; et comme on auroit pu lui objecter que l'invention du télescope paroît être moderne, il y répond d'avance en citant *Roger Bacon*, qui, plusieurs siècles auparavant, avoit fait mention de "verres con- "vexes par le moyen desquels on peut *faire des- "cendre en apparence le soleil et la lune* " (2).

Il est donc évident que, pour étudier le ciel, les Boréens se sont servis de tubes astronomiques ; et que c'est à l'aide de ces instrumens qu'ils ont aperçu ces taches et ces parties saillantes dans la lune, qui sont encore un phénomène de nos jours. Diodore va nous raconter une découverte du plus grand intérêt, due à ces mêmes instrumens.

____

(1) Bailly, astron. moderne, liv. 1. pag. 304.

(2) Bacon, Opus majus, p. 357.

Il est apparent que les verres dont nous faisons usage aujourd'hui pour suppléer à la foiblesse de notre vue, ne portent le nom de *lunettes* qu'à cause que le premier usage qu'on en a fait aura été d'observer la *lune*.

« On dit aussi , poursuit l'auteur, qu'Apollon « descend dans cette île tous les *dix-neuf ans*, « durant lesquels les astres achèvent leurs révolu- « tions. » Diodore indique ici visiblement le cycle luni-solaire de dix-neuf ans , qui sert à rappro- cher les mouvemens du soleil de ceux de la lune. *Apollon*, comme chef symbolique de l'ordre sa- cerdotal , est l'ordonnateur des fêtes religieuses et des sacrifices , qui se régloient sur le cours de la lune, et particulièrement sur les néoménies. Ainsi le retour d'Apollon au bout de dix‑neuf ans , veut dire le retour des fêtes et des céré- monies religieuses aux mêmes jours de l'année civile. C'est encore le cycle dont on se sert au- jourd'hui pour fixer les fêtes mobiles , et pour les annoncer dans le calendrier solaire.

C'est pour cette raison , conclut l'auteur , que cet espace de dix‑neuf ans est appelé par les Grecs *année métonnienne* , ANNUS METONIUS.

On ne voit pas si Diodore prend ici *meton* pour un homme , ou pour un terme scientifique ; mais on devine aisément ce qu'il a en vue ; il veut enchaîner le cycle lunaire des Hyperboréens avec la tradition des Grecs ; ceux-ci rapportoient à un *Meton* la connoissance qu'ils avoient acquise de cette période. On débitoit, et c'est ce qu'on croit encore, qu'un personnage nommé *Meton* avoit inventé, d'autres disent avoit appris des Orientaux , qu'en dix-neuf années solaires il se passoit précisément deux cent trente‑cinq mois lunaires, et qu'il avoit apporté cette connoissance en Grèce vers l'an 430 avant l'ère vulgaire. On ajoute que cette découverte parut si belle, qu'on en grava les calculs en nombre d'or, ce qui avoit fait donner à cette grande année le titre de *nombre d'or*.

Il y a dans cette opinion différentes erreurs. Pourquoi d'abord vouloir faire honneur de l'invention de cette période aux Orientaux, tandis que Diodore la trouve si exactement établie dans l'île des Hyperboréens ?

Rien ne constate aussi qu'on ait gravé les calculs de cette découverte en lettres d'or, ou qu'on l'ait décorée du titre de *nombre d'or*, en considération de son éminent intérêt. Ce cycle a été appelé *nombre d'or*, à cause qu'il étoit *astronomique*, ou marqué dans le ciel, pour le distinguer des autres grandes périodes, qui ne sont que des cycles *chronologiques*. Tout ce qui avoit des relations avec le ciel fut décoré du titre d'*or* : les astres étoient des *pommes d'or*, la toison du bélier, premier signe du Zodiaque, étoit d'*or* ; la chaîne d'Homère qui lie le sommet du ciel à la partie la plus basse de la terre étoit une *chaîne d'or* ; l'âge dans lequel on peuploit le ciel de constellations étoit le *siècle d'or*.

La période de dix-neuf ans est la seule grande année *astronomique* reconnue des anciens, la seule dont ils aient fait usage. Toutes les autres, comme on l'a déjà remarqué, étoient *chronolo-*

giques, sans en excepter la période chaldéenne de six cents ans, que quelques - uns prétendent encore faire passer pour luni-solaire. Flave Josephe a donné occasion à cette erreur. Il prétend que la période de six cents ans a été connue des patriarches avant le déluge. Il s'en appuie même pour· rendre raison de la longévité des premiers hommes. Sans entrer dans ses raisonnemens, trop frivoles pour être discutés, nous observerons que, ni avant Josephe, ni depuis son temps, jusqu'à Dominique Cassini, personne n'a regardé cette période comme luni − solaire. Hypparque et Ptolomée n'en font pas mention ; on convient qu'elle a été connue de la plus haute antiquité, mais les auteurs que Josephe cite, n'en ont parlé que comme d'une grande année *chronologique*, et nullement comme *astronomique*. Berose et Abydène, écrivains chaldéens, lui donnent le nom de *nère ;* ce mot, comme nous verrons, est le même que *ère ;* la lettre initiale *n* n'entre point essentiellement dans sa composition : c'étoit une grande année de dix Soses, ou vingt générations, dont on faisoit usage pour régler les fastes chronologiques.

Il est vrai que la *période* de six cents ans (1)

____

(1) Le célèbre Dominique Cassini est le premier qui, ayant fait attention au passage de Josephe, fut frappé de la justesse de cette période, et des conclusions qu'on pouvoit en tirer sur la longueur de l'année au temps des patriarches. Bailly, astr. anc. pag. 200.

se présente avantageusement pour rapprocher les calculs des conjonctions du soleil et de la lune. Mais soit qu'on ne l'ait pas aperçu, soit qu'on ait jugé son terme *trop long* pour en faire usage dans les calendriers ordinaires, il est du moins certain qu'elle n'a jamais été employée dans ce sens.

Une autre méprise, c'est d'avoir regardé *Meton* comme un *homme* qui auroit porté en Grèce la connoissance et l'usage de ce cycle : ce qui d'abord rend ce fait douteux, c'est qu'il est raconté de différentes manières ; les uns disent que *Meton* en étoit l'inventeur, d'autres prétendent qu'il en avoit acquis la connoissance ailleurs, et n'avoit fait que la communiquer aux Grecs.

Peu importe que ce cycle ait porté le nom *d'année métonnienne* : il y avoit dans la Grèce des fastes ou calendriers qui portoient aussi le nom de *meton*, quoiqu'il fût bien prouvé qu'ils ne pouvoient pas lui appartenir ; puisqu'ils contenoient des observations sur le lever et le coucher des étoiles, qui remontoient au temps d'Hésiode, et même au-delà (1).

D'ailleurs, tout le monde n'étoit pas d'avis d'attribuer cette période à Meton ; Geminus, dans son *Uranologium*, *chap.* 6, en fait honneur à *Euctemon*, à *Calippe*, et à *Philippe Menodôme*, sans dire un mot de *Meton*.

------

(1) Bailly, astr. anc. pag. 227.

De plus, on ignore absolument le temps de la naissance et celui de la mort de ce prétendu Meton.

Une explication claire indiquera la vérité du fait, et conciliera toutes ces variantes.

Meton n'est pas le nom d'un homme, mais le nom scientifique du cycle (1); c'est en mesurant le cours du soleil et de la lune, qu'on est parvenu à le connoître; ainsi c'est l'art de *mesurer* qui en est le *père* (2). METEN veut dire *mesurer*; MEET-KONST, *science de métrie*; MATE, *mesure*. Cycle *métonien* veut donc dire cycle astronomique inventé par le secours de l'art de MESURER, *meten*. On l'aura nommé ainsi, par la même raison qui lui a fait donner le nom de *nombre d'or*, c'est-à-dire pour le distinguer des cycles *chronologiques*.

On sent à présent la raison qui a fait donner aux calendriers grecs le nom de *meton*, quoiqu'ils continssent des observations célestes antérieures de plusieurs siècles au temps de sa prétendue existence; c'est que ces observations étoient le fruit de l'*astrométrie*.

Il est apparent que ce furent Euctemon, Calippe et Menodème qui, quatre cent trente-deux

---

(1) On l'a pris de la science qui lui a donné l'être.

(2) Géométrie signifie positivement mesure de la terre; ce n'est qu'improprement qu'on l'emploie en général pour désigner la science métrique.

ans avant notre ère , ont mis chez les Grecs ce cycle en pratique ; et en admettant qu'on l'ait nommé cycle de *meton* , comme étant astronomique , tout se trouvera en harmonie avec le rapport de Geminus.

On ne s'étonnera pas de voir cette période nommée *métonnienne* , ou *métrique* par excellence, en faisant attention que c'est de la même racine, savoir du verbe METEN , que dérive le nom des sciences qui ont la *mesure* pour base , ou pour principe.

MATE, le substantif de METEN , signifie *mesure ;* de là le mot MATHESIS , dont l'étymologie est parlante ; de là aussi , n'en doutons pas, le terme *mathématiques* , par lequel on désigne les sciences exactes. Les mathématiques proprement dites , sont des sciences basées sur la justesse des *mesures* , c'est-à-dire sur des lignes tirées avec des instrumens. Travailler *avec* un instrument de *mesure* , se dit en flamand, travailler MET DE MATE ; on a transformé cette phrase MET DE MATE en adjectif , et on en a fait *mathématiques ,* pour exprimer les sciences qui ont la *mesure* , MATE , pour règle de leurs opérations.

C'est de *meten* que dérive le grec METRON ; c'est de GO , GIO , *terre* , que les grecs ont formé leur GEO dans GÉO-MÉTRIE ; ce mot géométrie appartient donc à la langue des hyperboréens.

On trouve parmi les *constellations* la figure d'un triangle ; les uns y voient la delta d'Egypte, d'autres la Sicile à cause de son pretendu nom de Trinacria ; quelques-uns croient qu'il retraçoit la terre divisée en trois parties : on rapporte encore d'autres opinions également frivoles. La vérité est que le triangle céleste est l'emblême de la *trigonométrie.* On l'a placé directement audessus du *Bélier*, première constellation du firmament, pour marquer que nous devons principalement à cette partie des mathématiques, la connoissance du ciel et de la terre.

Maintenant on devine aisement l'histoire énigmatique d'Abaris l'Hyperboréen : on lui donnoit, dit Jamblicus, le surnom d'Ætrobates (1), *quod per æthera graderetur*, c'est-à-dire parce qu'il parcouroit les airs et le ciel. Il avoit reçu d'Apollon, dont il étoit le prêtre, une flèche au moyen de laquelle il franchissoit les fleaves, les mers et les lieux inaccessibles. Cette flèche est visiblement l'emblême de l'instrument mathématique avec lequel on mesuroit la terre. L'arc d'Apollon et les flèches sont les symboles d'un demi cercle céleste, et des tables pour observer les astres.

Il faut bien que les observations et les inven-

___

(1) Abaridis cognomentum Ætrobates, quod per æthera graderetur. Nam cum istius Apollinis, qui in Hyperboreis divino cultu et honore, afficiebatur jaculo, quod dono habebat, quasi inæquitaret, fluvios et maria, locaque inaccessa, modo quopiam per aerem transiens transivit. Jamblicus, de vita Pythag. pag. 128.

tions astronomiques des Boréens fussent d'une date extrèmement reculée , puisqu'on ne les rapporte qu'en style mythologique. Les fables sont des témoignages incontestables d'une haute antiquité. C'est dans le même style qu'on a conservé la mémoire de leurs astronomes. Le portrait symbolique qu'on a fait de ces savans est si bizarre qu'on en a perdu le sens depuis une infinité des siècles ; leur nom est ARIMASPIENS.

Des Arimaspiens.

Les Arimaspiens sont l'autre peuple dont St. Clement d'Alexandrie appelle la patrie *une république d'hommes sages* , conjointement avec les Républiques des *Elysiens* et des *Hyperboréens*.

Hérodote (1) place les Arimaspiens à l'*extrémité* de l'*Europe*. Nous savons qu'il faut entendre par cette extrémité de la terre , le Bas-Rhin , où nous avons trouvé les Elysiens et les Hyperboréens. L'auteur avoue ingénieusement » que malgré les grandes recherches qu'il » a faites, il n'a trouvé personne qui lui ait pu » apprendre quelle est la forme des côtes de la » mer aux extrémités de l'Europe. » Cet aveu marque la profonde ignorance dans laquelle les grecs étoient déjà tombés sur la topographie de notre pays. Cependant Herodote savoit qu'on en apportoit de l'ambre et de l'étain (2) , et qu'on

---

(1) Herod., lib. 3. pag. 115. et seq.

(2) La Hollande fournit de l'ambre , et l'Angleterre de l'étain.

débitoit que les Arimaspiens n'avoient *qu'un œil*. L'auteur est frappé de ce phénomène : il ne sauroit croire, dit-il, qu'il existe des peuples qui naissent avec un œil, et surtout des hommes qui du reste étoient faits comme les autres hommes.

Le père de l'histoire revient sur les Arimaspiens dans son quatrième livre, et c'est là où, à l'appui du portrait bizarre qu'il a fait des Arimaspiens, il rappelle l'étymologie de leur nom. On appelle dit-il, en langue scythique *Arimaspiens* les *Monocules*, c'est-à-dire des hommes qui n'ont qu'un œil, *Arima*, dans cette langue, signifie *un*, et SPENS, *œil* (1). On a bien senti que des hommes à un œil, sont des êtres chimériques, et qu'il falloit supposer ici un sens allégorique ; on a cru le trouver en disant que par Arimaspiens on vouloit désigner des archers (2). Pour viser et diriger les flèches, on ferme communément *un œil*, et on ajoute que les Scythes passoient pour être d'habiles archers. Mais l'usage de l'arc étoit répandu par toute la terre ; et les grecs appeloient ceux qui s'y appliquoient particulièrement *Toxandri*, mot formé du grec TOXON, *arc*, et de ANDRI, *hommes*. Au reste pourquoi recourir à

---

(1) Hérodote, lib. 4.

(2) Bailly adopte cette idée. Essai sur les Fables, tom. II. pag. 5.

l'attitude d'un *archer* ; cette profession méritoit-elle d'être consacrée par des images mystiques ? Etoit-elle digne de représenter une république d'hommes justes par excellence ?

Cependant il est naturel de juger que cette allégorie doit présenter un grand intérêt. Puisqu'il s'agit ici du nom d'un peuple renommé pour la sagesse et la justice de son gouvernement. Voici le sujet dont il est question : on désignoit par le terme *Arimaspiens* les astronomes qui observoient les astres à travers des tubes, et qui appliquoient la connoissance du ciel au gouvernement des peuples. En regardant avec un télescope on n'emploie qu'*un œil*, et on ferme l'autre ; on a l'air de faire usage d'un œil factice qu'on dirige avec les *mains*. Et une chose à laquelle il faut faire attention, c'est qu'on paroît plutot *épier* que regarder.

Ces considérations nous donneront le mot de l'énigme.

Arimaspiens vient de *spiên* et de ARMEN. *Spiên* veut dire *épier* ; ce terme est si propre à cet instrument d'optique que les anglais l'ont consacré dans leur langue pour désigner une *lorgnette* ; ils l'appellent *spying-glass*, VERRE à ÉPIER. C'est dans ce sens que Leibnitz interprète *spiens* dans le mot *Arimaspiens* ; il le fait dériver de *spehem*, en allemand *épier*. Ce grand homme avoit bien entrevu que *arima* ne pouvoit pas dénoter *un* en langue scythique.

Comment trois syllabes pour exprimer le nombre *un* dans une langue qui se distingue sur toutes les autres par la briéveté de ses termes , et par son nombre immense de monosyllabes !

Mais Leibnitz a mal pris le mot *arima* pour ARM , *pauvre* , car le mot pauvre ne présente pas de sens raisonnable dans le composé Arimaspiens ; et Pelloutier a raison de rejetter cette conjecture , quoiqu'il n'en donne pas de meilleure. *Arima* veut dire ici ARMEN , *bras* , et désigne des *tubes* qu'on dirigeoit avec les *bras* , et qu'on promenoit librement sur la surface du ciel.

C'est là la véritable origine du mot *Arimaspiens* , ou *Monocules* ; c'est un terme si propre à désigner des astronomes , que les physiciens mêmes ont adopté le terme *Monocule* , pour indiquer des lorgnettes.

Comme les constellations des deux ourses sont un des résultats les plus précieux de l'astronomie , et que leur nom tient spécialement à l'étymologie du mot *boréens* , il est essentiel d'entrer sur ce point dans un détail particulier.

Des constellations des deux Ourses , et du nom des Pôles.

Les constellations des deux ourses sont, sans contredit, les plus intéressantes du ciel : elles ont servi de premier indice pour arriver à la découverte du système de l'univers.

En contemplant avec attention le ciel durant la nuit, on s'imagine, d'après le mouvement des étoiles, qu'il tourne d'orient en occident sur lui-même, comme une machine sphérique suspendue sur un *axe*.

Les astres se lèvent, s'avancent, descendent sous l'horison et se dérobent à nos yeux, comme s'ils étoient entraînés par le mouvement du firmament dans lequel ils paroissent *infixés*. Cependant dans cette course générale, ascendante et descendante, on a remarqué quelques étoiles qui ne disparoissent jamais, et qui ne faisant qu'un petit mouvement circulaire, demeurent toute la nuit au-dessus de l'horison. On a justement conclu de cette presqu'immobilité, que le point autour duquel ces étoiles se meuvent, doit être le bout de l'axe ou le pivot sur lequel tourne le ciel, et ce par la raison naturelle que c'est à cet endroit que le mouvement sphérique est toujours le moins sensible.

Les pôles du ciel une fois découverts, c'est par le phénomène de ces astres qu'on est parvenu à connoître le point fondamental du système du monde et des deux sphères.

Il étoit donc infiniment important de signaler ces astres par une dénomination bien caractéristique, pour indiquer par leur secours le pôle terrestre, ou la région de la terre qui y répond. Le moyen sans doute le plus propre étoit de leur donner un nom analogue à quelque propriété de cette région polaire, et d'en former une constellation propre à y répondre. Mais ce pays étoit inconnu, inaccessible même, à cause de l'excès du froid ; tout ce qu'on en savoit, c'est que c'étoit un repaire de bêtes féroces, et particulièrement d'*ours*.

Faute de mieux, on a appelé la terre polaire pays *boréal*, ou pays d'*ours ;* BORS (1), en vieux langage, signifie *ours*. Conformément à cette dénomination, les Grecs ont appelé le pôle céleste *arctique*, formé de *ARCTOS* en grec, *ours*, mais pris du gaulois *arth* (2). Les latins en conservant le terme *arctique* pour le pôle, ont nommé les deux constellations polaires URSÆ, *ourses ;* l'une la grande, l'autre la petite : *ursa major*, *ursa minor*.

Comme il falloit aussi donner un nom au pôle du midi, et que non-seulement la terre de ce pôle, mais tout l'hémisphère méridional étoient inconnus, de manière qu'on ne pouvoit tirer de la nature du lieu aucune notion pour lui créer un nom-propre, on l'a nommé tout uniment pôle *antarctique*, pour dire *pôle opposé* au pôle *arctique*.

En appelant les étoiles polaires *ourses*, on les a peintes sous l'image d'ours dans le tableau général des constellations.

---

(1) Aujourd'hui on dit *beer* en flamand, et *bar* en allemand.

(2) ARTH, *ursus*. Boxhorn, origines gallicæ, hoc verbo.

Voilà la vraie source des mots *arctos* et *ourse*: ils ont pour but de signaler dans le ciel, par la propriété de leur nom, le pôle septentrional de la terre. Ce sont des *phares célestes* qui, durant la nuit, servent de guide aux hommes sur terre et sur mer. C'est aussi à ce titre qu'on a donné à la grande ourse l'épithète de *PARASIA*; le *p* doit être prononcé ici avec une aspiration comme *ph*. Il faut dire *pharasia*, qui veut dire *phare céleste*; il est composé du mot *phare* dont on connoît assez le sens, et de *asia*, en grec, *divina, cœlestis*. Asios, le même que le grec *AGIOS*, dérive de *AS*, *Dieu*, et signifie par conséquent *divinus, sanctus, cœlestis*. Ainsi *phar-asia* veut dire exactement *phare céleste*. Sans doute cette constellation méritoit ce titre, non-seulement parce qu'elle se trouve placée dans le *panthéon*, ou la voûte *céleste*; mais aussi à cause du précieux service qu'avant la découverte de la boussole elle rendoit à la navigation; c'étoit durant les ténèbres de la nuit le flambeau des navigateurs.

Lorsqu'Ulysse s'embarque pour quitter l'île Ogygie, Calypso, fille d'Atlas, lui recommande de prendre l'*ourse* pour guide : " Regardez tou- »jours attentivement, dit-elle, les *pléïades*, et la »grande ourse qui est la seule constellation qui »ne se *perd jamais dans les eaux de l'Océan*. " Cette particularité est une preuve claire, appuyée de mille autres, que c'est toujours à la patrie des Atlantes, ou au nord maritime de l'Europe, qu'on ramène les notions qui ont trait à l'astronomie, et à l'art de la navigation. C'est aussi particulièrement en faveur de la marine qu'on a créé les constellations des deux ourses ; la fable nous en est le garant. Les deux ourses, dit Aratus, ont été placées au ciel, parce qu'elles ont été les *nourrices de Jupiter. Nourrir Jupiter* signifie, en style mythologique, comme nous verrons, contribuer à approvisionner l'île des Dieux, ou la République élysienne. Les colombes emblématiques qui rendoient ce service en apportant l'*ambrosie*, ou la nourriture des Dieux à l'île de Circé, étoient des *navires*.

La raison qui a fait donner à la grande ourse l'épithète de *helice*, n'est plus un problème ; ce mot a visiblement la même origine que l'*helium* du Rhin, et confirme que cette constellation appartient à la République élysienne. On peut remarquer comme une autre singularité, que le promontoire de l'*helium* porte encore de nos jours le nom de BEER, *ours.*

Bore étoit, dans la mythologie des Celtes, le père des Dieux ; titre qui concourt aussi à faire voir que le pays des Boréens étoit regardé comme la patrie des Dieux. Les Athéniens célébroient une fête en l'honneur de Borée, nommée *Boréasine ;* c'est encore un trait d'affinité entre les Athéniens et les Atlantes.

Nous voilà à la fin de la description du site topographique et de la nature des Champs élysées, de l'île d'Æa et de l'Enfer. Nous pourrions de ce moment procéder au développement de leur gouvernement politique ; mais notre tâche seroit incomplète, et nous laisserions trop de nuages autour de notre sujet, si nous ne donnions quelqu'idée des lieux qu'Homère met dans leur proximité, et que l'opinion publique continue de déplacer d'une manière si contraire à notre opinion : tels sont l'île de Trinacrie, et les deux fameux écueils connus sous le nom de Scylla et de Charybde.

De l'île de Trinacrie.

En combinant attentivement le site de l'île d'Æa avec l'instruction que Circé donne à Ulysse sur la route qu'il doit tenir, on est pleinement convaincu que l'île de *Trinacrie*, dont elle parle, doit être l'*Angleterre* ; cependant on s'obstine toujours à la faire passer pour la *Sicile*, quoiqu'il soit impossible d'accorder cette idée avec le texte de l'Odyssée.

Cette erreur n'est visiblement qu'une suite de celle qui place l'Enfer et la demeure de Circé en Italie. Ce qui a pu contribuer à cette méprise, c'est la ressemblance topographique entre la Sicile et l'Angleterre ; il n'y a pas de pays qui, sous les rapports du site et de la forme, se rapprochent davantage. La Sicile est *triangulaire*, et sous ce rapport, le nom de *Trinacrie* lui convient parfaitement ; mais l'Angleterre l'est aussi. César l'appelle *Triquetra*. Strabon compare en termes positifs la configuration de l'Angleterre avec celle de la Sicile. Le détroit de Sicile est à peu près le même que celui de la Manche ; la Sicile a été arrachée au reste de l'Italie, comme l'Angleterre au continent ; l'une et l'autre ont reçu une dénomination commémorative de ces événemens. Voilà bien des points de ressemblance propres à confondre un pays avec l'autre. Mais il y a des considérations infiniment fortes, qui ne permettent en aucune façon de prendre la Sicile pour la *Trinacrie* d'Homère.

Ulysse, au moment où Circé lui trace le chemin pour Ithaque, se trouve à l'extrémité de la terre, et ainsi bien loin de Scylla et de Charybde. La Déesse parle d'une *Trinacria* dans un pays où la terminaison *acria* est en usage pour signifier extrémité, ou *pointe angulaire* ; l'île de Walcheren est appelée WAL-ACRIA, parce qu'elle est l'extrémité, ou l'*angle* boréal de *Wallia*, WALLAND.

Mais une circonstance qui seule auroit dû dissiper toute illusion, c'est que dans l'Odyssée la Sicile est nommée par son vrai nom.

Ulysse s'étant rendu *incognito*, sous l'accoutrement d'un mendiant, dans son palais, il s'éleva entre lui et les poursuivans de Pénélope, des débats, durant lesquels un d'entr'eux proposa d'envoyer *Télémaque* et *Ulysse* dans l'île des Siciliens, *ES SIKELOIS*, pour être vendus comme esclaves. La Sicile portoit donc au temps d'Ulysse son vrai nom, et devoit être bien connue dans l'île d'Ithaque ; on ne dira certainement pas que le poursuivant qui fait la proposition, en parlant de la Sicile, ait eu en vue la *Trinacria* de Circé, celle-ci étoit aussi inconnue aux Ithaciens que la région polaire.

Ne balançons donc pas à reconnoître l'Angleterre pour la *Trinacria* d'Homère ; elle étoit nommée ainsi, à cause de ses trois principaux angles. Croyons aussi que son nom ANGLETERRE, *terre à angles*, vient de cette source.

Il est singulier de voir attribuer l'origine de ce nom à une peuplade obscure du nord de l'Allemagne, nommée dans Tacite *Angili*, tandis qu'aucun monument historique de quelque poids n'appuie cette opinion. *Bretagne* étoit le nom de l'Angleterre et des deux Ecosses comme détachées du continent ; l'Angleterre étoit le nom de cette partie angulaire séparée de l'Ecosse par de hautes montagnes.

La Trinacrie, d'après le discours de Circé, étoit consacrée au Soleil, ou à l'Apollon moral. C'est probablement de là que, dans l'itinéraire d'Antonin, les eaux de Bath sont nommées AQUÆ SOLIS, *eaux consacrées au Soleil*. On a trouvé à l'endroit où on a bâti, près de Londres, l'abbaye de Westminster, un vieux temple dédié à APOLLON, *delubrum Apollinis* ; nous parlerons de *Minster* ailleurs. Tout porte à croire que c'est à la même source qu'on doit rapporter la *harpe*, ou *lyre* d'Apollon, que l'Angleterre porte dans ses armoiries.

Du moment où il est constaté que l'Angleterre est la Trinacrie de l'Odyssée, la localité de Scylla et de Charybde cesse d'être un problème; c'est dans le détroit de la Manche, et non dans celui de la Sicile, qu'il faut les chercher.

De Scylla et Charybde.

Depuis des siècles on a regardé Scylla et Charybde comme deux écueils *physiques* de la mer. C'étoient réellement des écueils ; mais l'un étoit l'ouvrage de la nature, l'autre celui des hommes. Il faut se méfier ici non-seulement des traductions libres, mais aussi des traductions littérales. Il n'est guère possible de bien comprendre le tableau qu'Homère trace de ces deux endroits, sans connoître tant la langue du pays, que la langue grecque. Dans la langue grecque, comme dans toute autre, les mêmes mots ont souvent différentes acceptions : dans ce cas, il faut les interpréter d'après la nature du sujet. Nous avons déjà fait sentir la grande conformité qui existe entre la langue grecque et la langue belgique ; il faut donc, dans les descriptions qui se rapportent au pays où nous nous trouvons, donner la préférence à l'acception du mot grec qui cadre avec la langue nationale.

Homère, en parlant de Scylla et de Charybde,

commence par les appeler *petrai*, en latin *petræ*. Les traductions françaises disent des *roches ;* nous venons de voir que si *petra* signifie *roche*, il signifie aussi forteresse construite en *pierres ;* et que c'est dans ce dernier sens qu'on trouve ce mot employé dans nos usages. *Petrai* se présente ici dans sa double signification. Il est certain que dans le sens de l'Odyssée, Scylla n'est pas une roche, mais un château construit de pierres, tel qu'on nous dépeint les anciens donjons avec de hautes tours, d'où on peut étendre la vue à de grandes distances. Aussi Homère ne se borne pas à les appeler *petræ*, il dit qu'elles sont d'une grande hauteur. Ensuite il leur donne le nom de *scopuloi*, en latin *scopuli ;* ce mot a aussi un double sens ; il signifie *roche*, et c'est ainsi qu'on le traduit. Mais dans sa vraie signification, il marque un lieu élevé d'où on peut *spéculer*, c'est-à-dire voir de loin (1). Homère a sûrement en vue ce dernier sens ; car il ajoute incontinent que l'un des deux (Scylla) porte sa tête aiguë jusqu'aux cieux, ce qui veut dire que Scylla a une si haute tour, qu'on peut y découvrir entièrement le ciel. Pour preuve qu'il parle d'une tour ou donjon dans lequel on avoit pratiqué des créneaux ou ouvertures pour pouvoir *spéculer* sans être aperçu, c'est qu'il dit que ce sommet pointu est toujours

____

(1) Skopelos, dit le Lexique, locus altus undé σκοπεῖν, *speculari* licet.

obscurci d'un nuage qui ne l'abandonne dans aucune saison ; cette façon de parler ne convient qu'à une *specula* construite de manière qu'on *peut y voir sans être vu.*

Homére se fait encore mieux comprendre en disant qu'il se trouve au milieu de cette *petra*, une *speos* obscure d'une si prodigieuse hauteur, que du fond d'un vaisseau l'archer le plus vigoureux n'en sauroit atteindre le sommet avec sa flèche. On rend toujours *speos* (1) par le mot SPELUNCA, *caverne ;* mais une caverne, dans la juste acception du mot, présente l'idée d'un lieu bas ou souterrain, et ici *speos* est la partie la plus élevée de Scylla ; ne prenons donc point *speos* pour *spelunca*, mais pour *specula* : il est, avec sa terminaison grecque en *os*, le même que *speus*, dont nous venons de découvrir le sens au chapitre des Arimaspiens. Il dérive du verbe SPIÊN, SPECULARI, *épier*, et désigne un lieu, ou un instrument pour *épier*. SPEOS étoit ce haut donjon terminé en pointe, *acuto vertice*, pour signaler de loin les vaisseaux sur mer. Cette *petra*, dit le texte, étoit unie et lisse comme si elle eût été taillée et *polie*, et un homme ne pouvoit y monter, ni en descendre, quand même il auroit eu vingt bras et vingt jambes. La nature ne taille

____

(1) La *speos* de Scylla pourroit bien être un *antre*, grotte ou caverne pour les initiations, et dans lequel on auroit peint les *constellations*, etc., comme dans la *Petra de Pluton.*

et ne polit pas ainsi des roches ; à ces traits on reconnoît visiblement l'art et la main de l'homme.

Ce monstre, (c'est toujours de Scylla qu'on parle) avoit douze pieds ou *griffes*, *six cols* d'une extrême longueur, et sur chaque col une tête horrible avec une gueule béante garnie de *trois rangs de dents*, où habitoit la mort ; il est palpable que cette description hyperbolique cache des secrets qui ne tiennent pas à des roches naturelles. Pour pouvoir s'en former une idée, figurons-nous les ouvrages avancés dans la mer devant quelques uns de nos ports pour les garantir de la fureur des ondes.

Les six longs cols avec leurs six têtes sont des jetées dans la mer formées de pilotis, entrelacés de branches d'arbres qu'on appelle *risban*, ils portent encore de nos jours le nom de *têtes*, RYSHOOFDEN, *têtes de branchages*.

Les *trois rangées de dents* sont les *trois* rangées de pilotis, dont les jetées sont formées, et entre lesquelles on serre les branches. Les douze griffes étoient sans doute des barques pour arrêter, visiter les vaisseaux, et les mettre à contribution.

Le poëte ne finit pas encore ici son tableau : la moitié de la forteresse étoit baignée par les *eaux*, c'étoit un *môle* ; on l'a trouvée encore à S. Omer lors de la conversion de ses habitans à la foi. Les monstrueuses têtes de Scylla sortent du fond d'un horrible gouffre , *ex horrendo barathro.* C'est dans ce gouffre que Scylla s'occupe à pécher des *dauphins*, des chiens marins', et jusqu'à des baleines qu'Amphitrite nourrit dans son sein; entendons par là que la moitié de la forteresse est batie dans les eaux , que ces eaux sont un golphe de la mer assez spacieux et assez profond pour recevoir et nourrir des poissons de la plus grande espèce.

Homére fait encore dire à Circé, qu'aucun pilote n'a jamais pu se vanter d'avoir passé impunément près de ce lieu ; car le monstre ne manque pas d'enlever toujours de chacune de ses six gueules un homme du vaisseau. La Déesse avoit déjà dit, en termes équivoques, que nous allons éclaircir, que les vaisseaux mêmes qui apportent de l'ambrosie à Jupiter n'y sont pas plus respectés.

Il résulte des différens traits de ce tableau qu'il ne peut être question ici d'un écueil physique, ou d'un gouffre de mer , mais d'une espèce de donjon occupé par des hommes qui s'arrogeoient le domaine de la mer, et qui mettoient les vaisseaux à contribution en les forçant à payer un certain droit de péage ; et s'il étoit possible de former sur ce point quelques doutes , ils disparoîtroient devant l'étymologie des noms de *Scylla*, et de *Cratée* sa mère.

SKULLA, c'est ainsi que l'écrit Homère, veut dire *redevance, tribut;* il vient du verbe *skullen* ou *schullen* qui , en vieux langage, signifie DEBERE, *être redevable.* Il nous en reste beaucoup de dérivés, tels que SCHULD, *dette;* SCHULDENAER, *débiteur; skul-huis* est la même chose que TOL-HUIS, TELONII DOMUS, *lieu de péage.*

Pour faire sentir l'idée qu'il a de cette exaction, Homère donne au monstre qui a enfanté Sculla, le nom de *Cratée,* KRATEA. Ce terme, le même que KRATOS en grec, signifie *force;* il vient du teuton KRAGT ou CRAGT, qui est certainement le nom primitif. Cette dénomination démontre à la fois que Scylla étoit une espèce de *fort,* et que le tribut qu'on y exigeoit, et qui rendoit cet établissement *odieux aux dieux et aux hommes,* comme dit Homère, n'étoit fondé que sur la *force.*

Ossian, dans ses poésies erses, fait mention des bretons qui n'élevoient aucun temple à la divinité, et qui méprisoient le culte religieux des scandinaves. Il les peint invoquant leur dieu autour d'une statue appelée *Pierre de pouvoir* (1); cette expression peint précisément la propriété du mot Scylla; ce monstre est appelé PETRA, *Pierre,* et sa mère est nommée *KRATEA, pouvoir.* Scylla

______

(1) Les premiers Bretons n'élevoient aucun temple à la Divinité. On trouve dans les poésies d'Ossian, que ce Barde sublime témoigne du mépris pour les temples et le culte d'*Odin,* dieu des Scandinaves, qu'il appelle *Loda.* Ossian représente les peuples invoquant leur Dieu autour d'une statue qu'il appelle la *Pierre de Pouvoir;* il blâme ce culte, et le regarde comme impie. Mythol. comp. vol. II. p. 314.

étoit donc la même que cette *Pierre de pouvoir* adorée par les bretons.

Circé recommande à Ulysse de ne pas s'arrêter au chateau du péage après avoir payé le tribut, mais de passer bien vîte de peur qu'on ne le soumette à de nouvelles exactions. «En tous cas, dit-elle, adressez-vous à *Cratée*, «qui est la maîtresse du lieu, elle arrétera cette «violence.» Cette circonstance fait voir qu'il s'agit ici d'un tarif réglé, ou d'un droit fixe de passage, tel qu'on l'exige encore dans le *Sund*, et sur plusieurs rivières.

On demande si un seul des traits qui caractérisent ici Scylla, peut avec quelque apparence être appliqué à un gouffre quelconque dans le détroit de Sicile. Monsieur de Rochefort, cité par Mr. Bitaubé, a bien observé qu'on ne retrouveroit point l'exactitude ordinaire d'Homére, si on appliquoit les descriptions de Scylla et de Charybde à la Sicile et à l'Italie.

La connoissance de la nature de Scylla nous fournit l'explication d'un passage du discours de Circé, qui a été extrêmement mal saisi par tous les traducteurs, et que nous avons promis d'éclaircir.

La déesse, en parlant de Scylla, dit: « ici ne «passent jamais impunément ni les vaisseaux, «(POTFTA) ni les bâtimens, (PELAIAI) qui portent de l'ambrosie à Jupiter ; mais la roche «polie (*Scylla*) en emporte toujours quelqu'un.»

On a pris *POTÊTA* pour des *oiseaux* et *PELAIAI*
pour des *colombes*, et dans ce sens on a dit : » Les
» oiseaux des cieux ne volent point par dessus et
» les colombes mêmes, qui portent l'ambrosie à
» Jupiter, ne les passent point impunément, car
» le sommet de ces roches en abat toujours
» quelques-unes (1). »

Cette traduction, qui présente un sens si singulier, n'a pas même le mérite d'être fidèle. On
y fait grande violence au texte pour accommoder
les phrases avec l'idée erronée qu'on a des mots
potêta et *pelaiai*. POTÊTA, qui est ici le même
que *poteria*, désigne *pots*, dans leur signification de *vaisseaux ;* on a vu à l'article d'Hercule, sous quel rapport on a primitivement
donné aux navires le nom des *pots* ou *vases*,
source de notre mot *vaisseau ;* et comment ce
héros a parcouru de vastes mers dans un *pot*,
in scypho.

Quant au mot PELAIAI qu'on interprète par
celui de *colombes*, Athénée rapporte qu'une dame
de Bysance nommée *Mero* a suggéré sur ce
terme une idée heureuse. Cette savante croit
que le mot *Pélaïades* y est mit pour *Pléïades*,
filles d'Atlas, qui forment dans le ciel la constellation de leur nom ; cette constellation, dit-elle,
indique par son lever et son coucher les saisons

____

(1) Traduction de Mad. Dacier, dont voici le texte latin :
» Hâc neque volucres prætervolant, neque columbæ timidæ,
» quæ ambrosiam Jovi patri ferunt, sed aliquam earum sem-
» per adimit *lævis petra* (*Scylla*).

des semences et de la récolte , d'où la dame grecque tire la conséquence que ce sont ces filles qui apportent l'ambrosie à Jupiter ; en entendant par là que ce sont les saisons et la récolte des fruits qui fournissent les libations et les présens des sacrifices pour le culte de ce Dieu. Mais cette interprétation n'est nullement admissible ; car outre qu'elle est visiblement trop forcée, elle ne peut pas se concilier avec le reste du discours de Circé , défaut ordinaire de toutes les interprétations des anciens mystères. C'est une erreur de dire que le lever et le coucher des pléiades annoncent le temps des semailles ou de la moisson. Leur lever, qui a lieu dans le signe du taureau , indiquoit , dans ces vieux âges où l'art de la navigation étoit dans son enfance, le temps propre à la navigation sur mer , et c'est sous ces rapports que la déesse Calypso, fille d'Atlas , recommandoit à Ulysse l'observation de ces étoiles pour diriger sa course vers Ithaque.

Tout ce que la dame bysantine a bien deviné, c'est que le mot *pélaïades* doit être rendu par *pléïades*, et alors il signifie *navires ;* il vient du verbe PLEIEIN, *naviguer*, duquel on a tiré aussi le nom des *pléïades* célestes. Le grec PLEIEIN vient de notre PLOYEN, *plier. Naviguer*, c'est faire *plier les eaux ;* cette expression est plus naturelle que celle de *fendre les eaux ;* on ne fend pas les eaux, on les subjugue, on les fait *plier* sous le poids et la marche des vaisseaux ;

de là le mot PLEYTE, qui dénote encore de nos jours un *bateau* ; c'est le nom qu'on donne constamment aux vaisseaux de Flandre et de Brabant.

En prenant POTÉTA, ou *poteria*, et *pléïades*, PLEIAI, pour des vaisseaux, tout se trouve en harmonie ; le texte de l'Odyssée offre un sens simple, naturel et proprement adapté à la nature du sujet.

Il confirme en même temps, comme on a observé à l'article *de longobardorum ida*, que, par *nourrir Jupiter*, ou, comme on dit ici, lui apporter de l'ambrosie, on entend le commerce maritime à l'aide duquel on se pourvoit de vivres et de choses nécessaires pour les libations, les sacrifices et la subsistance du peuple (1).

C'est par une semblable méprise du mot *pelaiai* pour *pleiai*, qu'Hérodote attribue l'origine des oracles de Dodone et de Jupiter-Ammon, à deux colombes parties de la Thèbes d'Egypte. Ces colombes étoient des navires sur lesquels étoient venus les prêtres thébains qui ont fondé ces deux sanctuaires.

D'après l'idée qu'Homère nous donne de la nature de Charybde, tout porte à croire que c'étoit une véritable roche, et que le danger

---

(1) Multa quidem ad eos (Atlantes) *extrinsecus* propter imperium accedebant, permulta quoque insula ipsa ad omnem usum pertinentia producebat. Platon, dans la description de l'Atlantide, p. 561.

d'en approcher provenoit de la violence de la marée, et des courans d'eaux, qui se faisoient particulièrement sentir dans cet endroit. Homère rapporte que cet écueil n'étoit pas éloigné de Scylla, ce qui fait présumer qu'il n'étoit pas situé sur l'autre bord de la Manche ; mais où le trouver ? C'est ce qu'il est impossible de déterminer. Aucun monument n'en retrace l'ancienne existence ; il est arrivé depuis le siècle d'Homère tant de changemens extraordinaires dans la configuration territoriale de nos contrées que cette circonstance ne doit pas nous surprendre. De savans hollandais ont été persuadés qu'il a existé autrefois une île entre l'Angleterre et la Hollande : le rocher nommé Charybde peut avoir disparu comme cette île. Combien de grands villages de la Hollande ont été engloutis par les flots de la mer. On apercevoit encore dans le siècle passé les bouts de plusieurs clochers au dessus de la surface des eaux ? mais si nous ne pouvons pas déterminer la localité de Charybde, il reste au moins des vestiges qui nous donnent des conjectures heureuses sur l'ancien emplacement de Scylla ; et ces vestiges même nous fourniront une nouvelle preuve des grands changemens physiques survenus dans nos terres.

St. Omer comme on l'a plusieurs fois observé fut autrefois une ville maritime. C'est un fait, dit des Roches (1), dont on conservoit encore le

____

(1) Recherches sur l'ancienne Belgique, par Mr. des Roches, pag. 148. in-8.

souvenir au 12ᵉ siècle. Dans un diplôme de 1159, Louis VII roi de France l'appelle „ ville „ ancienne fondée près de la mer à l'extrémité de la „ terre (1). „ Ortelius, continue-t-il „ cet illustre „ restaurateur de la géographie ancienne, observe „ avec raison, qu'il ne faut qu'examiner les en- „ virons de St. Omer pour reconnoître l'ancienne „ côte fort *élevée* qui l'entoure presqu'en entier ; „ que les connoissances locales prouvent évidem- „ ment que cette ville étoit un *port de mer*, et „ que l'océan y formoit un *golfe*. En effet si on „ en juge par la situation des *collines*, par la „ profondeur des terres rapportées, qui couvrent „ l'ancien lit de la mer, et par les *corps marins* „ déterrés à peu de distance de la surface, on „ doit convenir que l'entrée de ce *golfe* étoit „ entre Calais et Gravelines, et qu'il alloit en se „ rétrécissant jusqu'à St. Omer. „

Vrédius avoit déjà fait la même remarque, il rapporte aussi le diplôme de Louis VII, parce qu'on ne le rencontre pas dans la collection des diplômes de Miræus.

La situation de St. Omer répondoit donc parfaitement à l'idée qu'Homère nous donne sur le site de Scylla, c'étoit à l'entrée du détroit qui sépare l'Angleterre de la France et sur un grand lac ou *golfe*, IN BARATHRO.

---

(1) Antiqua civitas secus mare fundata orbis in extremo margine.

Scylla étoit une barrière de la mer munie d'une haye de palissades. Il faut bien que St. Omer ait été une barrière du même genre, puisque son ancien nom l'indique. Elle s'appeloit *Sithuin*, et *Sithiu*, avant qu'elle eut pris le nom de son patron St. Omer.

Si-thuin signifie à la lettre *cloison*, *haye*, ou *barrière de mer*. Il est formé de *si*, MER (1), et de *thuin* qui signifie *haie* soit vive, soit faite avec des palissades (2). Les six longs cols de Scylla avec leurs têtes et les trois rangs de dents, c'est-à-dire les six ouvrages avancés dans la mer consistant dans une triple rangée de palissades entrelacées de branches d'arbres, formoient dans les eaux un *thuin*, une *haie*, dans toute la force du terme.

Il ne faut pas s'embarrasser de ce que dans *sithiun* (3), le dernier mot est écrit *thiun* au lieu de *thuin*, après un si long espace de siècles

---

(1) *See*, *si*, *su*, varia enim dialectus est Germanorum, *mare*. Othon Reizius, pag. 278.

(2) Des Roches, pag. 7, fait dériver le mot sicambres de *si*, mer. Ainsi si-cambres veut dire *cimbres maritimes*. On les aura appelé ainsi, dit-il, pour les distinguer des cimbres méditerranés.

Le mot *si* dans Sithuin, le distingue aussi de *Béthuin*, Béthune, qui n'en est pas loin, et de *Thuin* en Hainaut.

(3) Saint-Omer est appelé *Sitbium*, in actis Sanct. Belgii, tom. III, pag. 630. La côte maritime de Boulogne y est nommée *Terra Saxonica*.

un changement aussi léger que l'est une transposition de deux lettres, n'auroit rien d'extraordinaire, quand même il emporteroit une altéra-
tion réelle dans la composition du mot. Il est de
fait que ce n'est qu'une variation de dialecte
dans la langue teutone ; les mœsogots, les islandais, les franco-théotisques surtout disent communément *iu* là où nous disons *ui* (1). Une forte
conjecture en faveur de cette opinion, se tire
d'une épithéte qu'Homère donne à Scylla et à
Charybde, et qui exprime un caractère physique
spécialement propre au territoire de St. Omer.
En parlant de ces deux *petrai*, les dieux, dit-il,
les appellent *plagktas* ; on traduit *plagktas* par
le mot *errantes* ; cette version est juste, on vouloit dire que ces *petrai* étoient situées dans un
pays où il y avoit des terres *flottantes*. Ce phénomène relativement à Scylla existe même de
nos jours. On trouve encore des terres *errantes*
ou flottantes près de la ville de St. Omer. Voici
ce que dit, à ce sujet, l'auteur des délices des
pays-bas : » Près de St. Omer, il y a de
» vastes et spacieux marais formés par l'amas
» des eaux qui s'y rendent de tous côtés, sur
» lesquelles on voit des îles *flottantes*, couvertes
» d'arbres et de verdure, qui donnent une vue

______

(1) Ten Kate donne plusieurs exemples de ces changemens,
pag. 37 du *Grondslag van geregelde afleidinge;* tels sont les
verbes *druipen, tuiken, tuigen*, qui, dans les dialectes cités
en texte, s'écrivent *driupban, riukan, tiugban.*

» très-agréable ; on les tire aisément par une
» corde et on les met en telle situation que l'on
» veut , comme si c'étoient des bateaux. »

C'est donc encor *Sithon* , qui sous le nom de
Scylla est célébrée ici pour la première maitresse
de la mer , et qui s'est emparée de cet empire
en imposant des droits sur la navigation. Ce sont
les Sithoniens qui se sont rendus maîtres de Chy-
pre , et lui ont imposé leur nom , que Flave
Josephe rend par le mot *Citium*.

On conçoit que du moment où l'on a trouvé
la clé du style allégorique d'Homère , tout
le merveilleux de ses figures gigantesques dispa-
roit ; la nature se découvre et se montre dans
toute sa simplicité. Scylla qui étoit d'abord un
monstre épouvantable , et dont le poëte sembloit
avoir pris l'idée hors du domaine de la nature ,
ne devient à nos yeux qu'un objet ordinaire.
On avoit toujours regardé la description qu'Homère nous donne des champs élysées , comme la
peinture d'un lieu surnaturel , réservé aux âmes
vertueuses dans l'autre monde ; cependant rien
que de très-naturel dans l'analyse qu'on vient d'en
faire. La même chose s'est manifestée dans le
dénouement moral des avantures d'Ulysse chez
Circé et aux Enfers. Circé cette prétendue courtisanne , cette magicienne dangereuse est devenue
la mère la plus respectable de l'univers. Nous
reconnoissons enfin l'Enfer , ce lieu regardé
comme si abject et si redoutable , pour le sanctuaire de la piété , l'école de la vertu et de la

justice. Tout rentre ainsi dans l'ordre des choses ; une découverte en amène une autre. Tout
est enchaîné dans la mythologie, il ne faut rien
de plus que le tableau de Scylla tracé par Homère pour nous dévoiler, sous tous les rapports,
la nature de Neptune ; on y découvre ses attributs, son pouvoir, et le sens même de ses
différens noms. Comme cette divinité tient essentiellement à l'administration de la république
élysienne , et que son explication se place si
naturellement à la suite de Scylla , nous ne
pouvons nous dispenser d'en donner une idée ,
d'autant plus que ce développement nous me-
nera à d'autres découvertes intéressantes , qui
tiennent au sujet que nous venons de traiter.

De Neptune.

Lorsque Jupiter, Neptune et Pluton partagè-
rent l'empire de leur père Saturne , Neptune
eut pour lot le domaine de la mer : entendons
par ce partage mythologique qu'en organisant
la république élysienne , on divisa son gouvernement en trois départemens principaux, dont le
second avoit pour objet l'*administration maritime*.

Indépendamment de la pêche qui entroit naturellement dans les attributions de ce ministère,
la partie principale concernoit la direction des
ouvrages maritimes ou *hydrauliques* nécessaires
pour mettre l'existence *physique* de l'État à l'abri
des fureurs de la mer, et pour assurer à la
République des ports sûrs et commodes.

Après le détail que nous venons de donner des fortifications, du port et du château de Scylla, il n'est pas difficile de deviner la forme et la nature des ouvrages dont Neptune étoit chargé. Ils étoient sûrement du même genre que ceux de Scylla : c'étoient donc des jettées en mer, formées de palissades liées et enchaînées avec du menu bois en forme de *triple rangée de dents.* Cela est vrai, et c'est cette vérité qui a donné lieu à l'attribut symbolique de Neptune. Cet attribut est une fourche à trois dents, communément nommée le *trident* de Neptune ; c'est le symbole de cette triple ligne de palissades, en forme de *trois rangs de dents.* On ne pouvoit mieux figurer ces moyens hydrauliques, dont on continue encore de faire usage pour *dompter la mer*, et mettre nos ports et nos places maritimes en sûreté. Une digue de terre n'est pas une barrière irrésistible aux efforts extraordinaires des vagues ; mais des pilotis alignés en forme de *dents*, disposés sur différentes rangées, entrelacés de branches et comblés de *pierres*, présentent des barrières solides. Ils *compriment*, arrêtent, mordent (qu'on nous passe cette expression), et amortissent la fureur des flots, en retrécissant graduellement les ouvertures ou entrées que les diverses jettées laissent dans l'espace intermédiaire. Ce sont, dans toute la force du terme, des barrières *comprimantes* ; et c'est cette idée qu'on a voulu exprimer par le mot *Neptune.* Il est formé de NEP, *nepe*, qui signifie *compression*, et de TUN ou TUIN, *barrière*. SI-THUIN ou SI-TUIN, *barrière de la mer*, nom de Scylla, exprime l'usage de ces barrières marines ; *Neptuin* marque la propriété ou la vertu de leur résistance.

Le nom que les Grecs ont donné à Neptune (1)

---

(1) Le nom grec est POSEIDÔN. Le Clerc le fait dériver de l'hébreu POSEDÔN, *fractor navium*, ou de PESCHITAU, *expansus*, comme dit Bochart, suivi par Fourmont ; ce nom vient, selon l'abbé Bergier, sur la Théogonie d'Hésiode, fol. 216, de POS, *seigneur* ou *maître*, comme en latin POSIS, *mare*, et EIDOS, IDOS, l'*eau* ou la *sueur* : EIDON, *humide*, dans Hesychius. Il signifie donc *maître* ou *seigneur des eaux*. C'est le synonyme de PONTOMEDÔN, surnom que les poëtes donnent souvent à Neptune. *Neptunus*, poursuit-il, nom latin, a précisément le même sens. Il ne vient point de NEPTÔNI, *classis appulsio*, comme l'entend l'*Histoire du Ciel*, mais de NEP, *eau*, qui est la racine de NIPTÔ, *laver* ou *mouiller*. TUN, *élévation* ou *autorité*, comme *dun* dans toutes les langues. *Neptunus* exprime donc sans détour ce qui domine sur les eaux. Les Egyptiens, selon Plutarque, appeloient NEPHTHUN les promontoires ou les *rochers*, placés au bord de la mer, Neptunium (aujourd'hui *Nettuno*) étoit une ville d'Italie placée sur un promontoire.

La dénomination de *Nephthun* que les Egyptiens donnoient aux promontoires et aux rochers placés au bord de la mer, est très-intéressante: ce mot est visiblement composé de *nep*, ou *neph*, qui, selon Bergier, signifie *eau*, et de TUN ou TUIN, *barrière*, *baie*, *séparation*, *défense* : du mot belge TUINEN, *barricader*, *séparer*, *défendre*. Aussi ces promontoires, ces rochers sont des défenses ou barrières contre la mer. Il est probable que le mot DUN-, *dunes*, est la même chose, puisque les dunes sont les barrières contre la mer ; on sait que Saint-Omer étoit autrefois un port de mer, et que c'est probablement le *portus ittius* de reutre dans la même acception ; ce nom est *POSEIDÔN* : il est composé de *PEZEIN*, qui veut dire *comprimer*, comme le verbe *NYPEN*, dont *nep*, *nepe*, est le substantif, et de *DÔN*, qui est le même que *dun*, *tun*, *duin*, *tuin*, *thun*, *thuin*. Les Grecs, à qui le terme *thuin* a paru trop dur, ont fait usage de *DÔN* dans les mots qui en étoient composés ; c'est ainsi qu'ils ont nommé *Si-dôn*, cette ville de la Phénicie, qui étoit la *barrière* de la mer de Syrie, comme notre *Sithuin* étoit la barrière de la mer du nord.

Pour donner à ce pilotage plus de solidité, on le remplit communément de jettées de *pierres* et de cailloux ; de manière que les rangées de palissades semblent présenter l'image de *roches*, *petræ* ; de là l'épithète de *petræus* que Pindare et d'autres donnent à *Neptune*. Scylla étoit une *petra*, et c'est là encore un trait saillant qu'elle a de commun avec Neptune.

On suppose à Neptune un fils nommé *Triton* : ce nom est visiblement un terme corrompu de *TRITAND*, ou *DRYTAND*, le même que *trident*.

César ; car avant Saint Omer, cet endroit s'appeloit *Sithiu :* il est composé de deux syllabes, qu'il faut décomposer selon l'usage de notre langue ; car tous nos mots sont originairement monosyllabiques. Sithiu est formé de *si* et *thiu* : le premier signifie *SEE*, *sie*, mer ; et comme *si*, il se trouve dans *si-cambres*, cambres maritimes. *Thiu* sera corrompu de *thuin*, barrière, défense. Sithiu est donc une barrière contre la mer, ou un port de mer.

Les poëtes attribuent à ce fils la fonction de calmer les flots et de faire cesser les tempêtes ; ç'est précisément l'effet que produisent les palissades à *trois dents*.

La description qu'Homère fait du port d'Ithaque, dans lequel Ulysse entre en quittant l'île des Phéaciens, fait voir que ce port étoit aussi construit, garanti, et mis en sûreté par des jettées avancées en mer ; on l'appeloit le port de *Phorce*, Dieu marin ; on voit clairement que ce mot est le même que VORKE, *fourche*. Il peint la forme du trident de Neptune, qui n'est que la figure d'une fourche à trois dents, et qu'on appelle aussi la *fourche* de Neptune.

On peut juger maintenant ce qu'on doit entendre par le pouvoir magique qu'on attribue à ce trident. Neptune ouvre la terre en la frappant de sa fourche ; cette allégorie signifie que, par le moyen de ces ouvrages *dentelés*, on peut ouvrir l'intérieur des terres pour former des communications avec la mer, construire des ports, rendre leurs entrées et les stations des vaisseaux sûres et commodes.

Si ces différens rapprochemens entre Scylla et Neptune nous ont heureusement dévoilé la nature de ce Dieu marin, considéré comme l'emblème de l'art de *dompter la mer* ; d'autres rapprochemens nous conduiront à la découverte de son autre attribution, qui est la direction de la pêche, figurée par l'image d'un *Dauphin* jointe à celle de ce Dieu.

Nous venons de voir que Scylla s'occupoit de la peche daus les eaux de son domaine ; Homère raconte qu'elle prenoit des *Dauphins* et d'autres gros poissons qu'*Amphitrite* nourrit dans une extreme abondance. Les *Dauphins* sont nommés les premiers, sans doute comme étant l'espèce la plus noble ; aussi les astrologues donnent-ils à ce poisson le titre de *rex piscium*. Il n'est donc pas surprenant qu'on en ait fait choix pour figurer à côté de Neptune, comme symbole de la peche.

Remarquons bien le nom d'*Amphitrite* qui est indiqué ici comme la Déesse qui règne sur les eaux où pêche Scylla. Amphitrite est devenue la femme de Neptune ; elle a eu de ce Dieu un fils nommé *Triton*, qui, comme on vient de voir, représente les barrières hydrauliques à *trois dents*. Le nom d'*Amphitrite* a du rapport aux mêmes ouvrages. *Trite*, second membre du mot, est visiblement le même que TRITAND, *trident*, et le grec AMPHI, en latin *circum*, désigne naturellement un lieu qui entoure les trois dents, de manière que le composé *amphitrite* indique le circuit ou l'enceinte des eaux barricadées par le pilotage *tridentelé*.

La fable porte qu'Amphitrite a été recherchée en mariage par Neptune ; qu'elle s'est d'abord refusée à ses vœux, et que, pour éviter ses poursuites, elle s'est réfugiée chez *Atlas*. Voilà donc Amphitrite nominativement au pays des *Atlantes*. Toutes les fables reviennent à cette patrie des Dieux.

Neptune n'a réussi, dit-on, que par l'entremise et les bons offices d'un *Dauphin :* et cet important service a valu au poisson médiateur la gloire d'être placé aux cieux parmi les astres. *Epouser la mer,* c'est, comme on a vu dans la fable d'Hercule, se familiariser avec la mer, c'est naviguer. Entendons donc par cette narration allégorique que les hommes ont tardé longtemps à se hasarder sur les vagues de la mer, que ce n'est que l'appât de la pêche qui les a enhardis peu à peu ; qu'on n'a commencé que dans les golfes et les eaux des côtes ; que ces premiers essais ont eu lieu dans la patrie des Atlantes ; que cette pêche étant une fois solidement établie, on a annoncé le temps propre pour s'y livrer, par un signe céleste analogue ; qu'en conséquence on a formé une constellation sous l'image d'un *Dauphin,* qui, par son lever, donnoit le *signal* de l'ouverture de la pêche. En effet, le *Dauphin* se lève avec les derniers degrés du *Sagittaire ;* or, comme le *Sagittaire,* ainsi que nous verrons dans l'explication du Zodiaque, annonce le temps de la *chasse,* on lui a fait succéder l'exercice de la pêche : c'est pour cette raison que les Brackmannes représentent dans leur Zodiaque le *Capricorne* avec une queue de *poisson.*

Parmi les noms qu'on donne au *Dauphin céleste,* il s'en trouve un qui indique clairement son origine ; ce nom est *Triton.* Il est encore en usage dans l'astrologie ; le lac *Tritonide* étoit fameux dans l'antiquité : on prétend que Minerve a été élevée sur les bords de ce lac, et que c'est de là que vient son surnom de *Tritonia*, de *Tritonis*, ou Tritogène. On plaçoit ce lac en différens endroits, tantôt en *Béotie*, tantôt dans la Lybie d'Afrique. Mais il existoit aussi une Lybie dans le pays des Atlantes, et c'est là où Apollodore place le jardin des Hespérides. Malbrancq, dans son ouvrage sur les Morins, rapporte que, dans l'endroit de *Saint-Omer* où on a bâti l'abbaye de *Saint-Bertin*, il existoit auparavant un temple consacré à *Minerve*. Cela n'est pas surprenant, le rivage de la Morinie portoit, au temps de Saint-Omer, le nom de *Littus Saxonicum* (1). Il méritoit cette dénomination, à cause des ouvrages hydrauliques qui couvroient cette côte, et qui étoient le fruit du génie des Saxons. Nous avons déjà remarqué que les Saxons n'étoient pas un corps de peuple, mais un corps d'ingénieurs, ou mathématiciens, qui cultivoient leurs talens, s'appliquoient surtout aux ouvrages hydrauliques, et dont la déesse favorite étoit Minerve. Partout où ces artistes alloient s'établir, ils y apportèrent et y établirent le culte de Minerve. Nous avons également observé que les *Suites*, les Saxons d'Egypte, avoient érigés à Saïs un temple magni-

____

(1) Dans la notice des dignités de l'Empire, les deux rivages opposés, celui d'Angleterre et celui de la Belgique, sont désignés également sous le nom de *Littus Saxonicum*.

fique en l'honneur d'Athénée ; et 'ne colonie
de cette peuplade , sous la conduite ue Cécrops ,
avoit porté le même culte à Athènes ; ceci nous
mène à la découverte de la nature de cette déesse.

De Minerve.

Minerve avoit de nombreux surnoms , ils
étoient tous pris des lieux où elle avoit des
temples. Vénérée particulièrement par les Saxons
sur le lac Tritonide de Scylla , elle en prit le
nom de *Tritonia* , ou comme Hésiode dit , de
Tritogène , née sur le lac Tritonide ; elle passoit
sous ce rapport pour être la fille de Neptune et
de Triton. Pausanias parlant de Minerve et re-
cherchant la cause qui lui a fait donner l'épithéte de *Glaucopis* , déesse aux yeux *pers* , croit
la trouver dans une fable de Lybie , qui fait
Minerve fille de Neptune et du lac Tritonide. »Or,
»dit-il , puisque Neptune a des yeux *bleus* , il
»est tout naturel qu'on donne des yeux de la
»même couleur à sa fille » (1).

Dans le récit que le prêtre égyptien fait au
législateur *Solon* , de l'origine et du gouvernement des *Atlantes* , il rapporte que lorsque les
dieux se sont partagés la terre pour la cultiver

---

(1) Deo vero signum quod glaucos oculos habeat Lybicam
de hoc reperio fabulam Minervam Neptuni et Tritonides *paludis*
filiam esse , atque adeo glaucos illi itidem ut Neptuno oculos
esse. Pausanias, pag. 27.

et l'embellir, l'île *Atlantide* fut le lot de *Nep-*
tune. Il appelle cette île *fertile, belle, sainte,*
merveilleuse. Il rapporte aussi que dans ces com-
mencemens, lorsque Neptune s'occupoit du bonheur de son domaine, *il n'étoit pas encore ques-*
tion de la navigation (1). Ainsi donc la nature
primitive de Neptune n'a aucun rapport à cette
espèce de domaine de la mer. Son pouvoir se
bornoit à poser des barrières à l'impétuosité des
ondes, et à présider à la pêche, deux attributs, réprésentés par le trident et le dauphin,
dont les figures accompagnent la sienne; dans
les peintures qu'on en faisoit jadis, on ne lui
donnoit point alors des emblèmes nautiques, surtout dans sa patrie, où sa nature étoit mieux
connue. C'est ce qu'on peut voir dans un dépôt
d'antiques qu'on a déterré au mois de Janvier
1647 sur la côte de Domburg, dans l'île de
Walcheren, dont nous avons parlé à l'article
de la barque de Caron (2). Plusieurs curieux en
ont recueilli les figures. On les trouve gravées
à la suite de l'ouvrage de Vredius sur l'origine
des francs. Parmi ces monumens, on en remarque quelques-uns qui peignent la figure et les
attributs de Neptune, entre autres dans la gra-
vure numéro deux, Neptune y est représenté

____

(1) Neque enim tunc naves erant, neque navigandi pe-
ritia.
(2) Tome I. pag. 260.

tenant de la main droite un *Dauphin* et de la main gauche un *Trident* (1).

On peut voir dans Goltzius plusieurs figures de Neptune dans le même goût. Leur parfait accord avec le tableau symbolique de Scylla et avec l'interprétation qu'on vient d'en donner, indiquent d'une manière palpable dans quel sens et sous quels rapports Neptune doit être envisagé comme le dieu de la mer ; et que c'est à tort qu'on regarde le *trident* comme le sceptre de l'empire des mers. Quelle analogie existe-t-il entre *une fourche à trois dents*, et l'art de la navigation ?

Lorsqu'Hésiode parle de la naissance de Minerve *Tritogène*, à yeux bleus, et qu'il la fait sortir du cerveau de Jupiter, il la peint comme vive, violente, indomptable, aimant le tumulte, le bruit, les guerres, et les combats. Des auteurs ont remarqué que ce caractère ne convient pas à la déesse de la sagesse, des sciences et des arts ; cette réflexion seroit juste s'il s'agissoit ici de la déesse Minerve considérée isolément et abstractivement de toute circonstance. Mais Hésiode traite de Minerve *Tritogène* qui

____

(1) Secunda ara est Neptuni dextrâ tenentis delphinum et sinistrâ tridentem ; qualis omnino est apud Goltzium in fastis, *fol.* 204. Qualis etiam est in fastis Goltzii apparet cum tridente, *fol.* 205. Nummo Sexti Apulei 3. atque eodem libro pluribus in locis. Vredii Flandria ethnica, in additionibus, *pag.* XLV.

est Minerve *née* sur le lac Tritonide. En lui donnant un caractère violent et guerrier, il veut faire entendre que le peuple du lac Tritonide, qui honoroit Minerve, étoit un peuple violent, guerrier, qui vouloit dominer sur ses voisins ; caractère qui répond exactement à l'idée qu'on vient de donner de ceux qui occupoient le château de Scylla.

Les Arcadiens au rapport de Pausanias honoroient spécialement Minerve *Tritogène*. Ils prétendoient qu'elle étoit née chez eux, et donnoient pour cette raison le nom de *Tritonide* à une de leurs fontaines, à laquelle ils vouloient rapporter tout ce qu'on avoit débité sur le torrent, ou lac Tritonide. Rien de plus commun dans la grèce que de pareilles applications. Qu'on parcoure Pausanias et d'autres qui ont donné des descriptions de la grèce, on y trouvera partout des statues, des tableaux, des temples, des inscriptions, des noms appliqués aux lieux, aux rivières, aux montagnes, qui ont trait à la mythologie, comme si la grèce eut été la véritable patrie des dieux et la scène des événemens fabuleux. Mais ne traitons pas pour cela les grecs d'imposteurs : ils ont fait ce que les européens font tous les jours dans leurs établissemens et leurs colonies d'Amérique : ils y transportent des noms et des monumens d'Europe comme des réminiscences et des souvenirs précieux de leur ancienne patrie. Les grecs

nommés *hellenistes* sont des colons de notre HE-
LIUM , *hel-land ;* et en se transplantant dans
leur nouveau pays , ils y ont tracé de toute
manière des objets propres à leur rappeller les
évènemens , les particularités , le site topographique meme de leur ancienne patrie.

Les Arcadiens qui s'approprient la naissance
de Minerve Tritogène , et qui , faute d'avoir un
lac propre à etre appelé Tritonide , ont appliqué
ce nom à une simple fontaine ; ces mêmes Arcadiens se vantent d'etre plus anciens que la lune.
Cette prétention, prise à la lettre , est ridicule ;
mais elle se légitime dans un sens allégorique.
Un peuple qui le premier aura calculé et déter-
miné le cours de là lune, et qui l'aura appliqué
à l'usage des hommes en lui donnant un nom
analogue , aura , sous ce rapport , le droit
de se vanter d'être antérieur à la lune. Un
homme qui le premier impose un nom à un
objet quelconque , semble lui être antérieur,
comme un parrain est plus vieux que son filleul.
Mais personne n'accordera aux Grecs d'avoir
fait les premiers pas dans la science astronomique relative à la lune , ni l'honneur de
lui avoir donné son nom. Les Grecs appellent la
lune *mane* , ou *mène ;* c'est précisément le nom
que nous donnons à cet astre ; mais avec cette
différence que ce mot ne présente aucune signification dans la langue grecque , tandis que dans
la nôtre il en exprime parfaitement la propriété

morale ; c'est-à-dire l'utilité dont il étoit aux hommes. La lune étoit, chez nos pères, la règle du temps, comme elle l'est encore chez les Musulmans. Cette plauète, par son cours périodique qui revient à peu près à un mois solaire, et par la succession de ses différentes phases, étoit uu astre *monitoire* de la révolution du temps. C'est là le sens de son nom ; *mane*, MAENE, vient de MAENEN, *MONÉRE*, *avertir*. Virgile exprime ingénieusement et avec élégance, cette propriété dans ce vers : *Ipse pater statuit quid menstrua luna moneret.* C'est de MAENE que vient le mot MAEND, *mois*, et c'est dans la même racine que nous trouverons l'origine du terme même de *mythologie.*

Il résulte de ce que nous venons de dire, que les Arcadiens qui ont porté leur culte, leurs usages et leurs jeux de cirque en Italie, et surtout dans le territoire de Rome, étoient originaires des bords du lac Tritonide. En célébrant Minerve Tritonia, et en vantant leur ancienneté, ils n'ont fait parade que des trophées de leurs ancêtres.

Minerve, prise isolément comme la déesse de la sagesse, sort du cerveau de Jupiter. Le cerveau de l'homme est le siége de la sagesse ; pour former son esprit, c'est un champ qu'il faut cultiver. Minerve en est le symbole ; cette idée est parfaitement rendue par le sens de son nom, le mot *Min-erve* est composé de *min, minne,*

qui signifie *mémoire*, *esprit*, *intelligence*. Ihre
l'identifie avec le latin MENS, *intelligence*. Il cite
à ce propos *ment*, qui encore en islandois veut
dire INSTITUTIO, *institut*, et pour ainsi dire, dit-il,
mentis cultura, et le mot *mentur* (1), qui dans
la même langue signifie ERUDITUS, INSTITUTOR,
savant, *instituteur*, *pédagogue*. Nous voilà donc
à la source de ce fameux nom de *Mentor*, sous
lequel Homère fait figurer Minerve dans son
Odyssée, et qui sert de conducteur, ou d'instituteur à Télémaque et à Ulysse.

L'autre partie du mot *Minerve* est *erve*,
c'est le même que le latin ARVUM, *champ labouré*,
AGER CULTUS ; ainsi Minerve signifie, dans la vraie
propriété du terme, *culture d'esprit*. Il est donc
tout naturel que les Saxons, qui faisoient profession de cultiver leurs talens, de nourrir leur
esprit, d'exercer leur génie, aient pris un emblème si caractéristique pour leur devise, et le
principe de leur application, et, si l'on veut,
pour sujet de leurs armoiries. Pour faire sentir
tout le prix de la vraie sagesse, on ne pouvoit

____

(1) *Minne*, memoria ; isl. *minni* ; ang. sax. *mund* ; angl. *mind* ;
germanice *minne*. V. Wachter in gloss. præter alia testimonia
antiquitatis quæ adferri pro hac voce poterunt, et infra ad-
ferentur, in censum venire debet veteris latii *meno*, a quo
memini habemus, helladisque *menaomai*, pro quo usus voluit
ut *mnaomai* diceretur, *mnéia* pro *méneia* ; forte a *mens*, gr.
menos. Cum quibus conferri poterit isl. MENTUR, *eruditus*,
MENT, *institutio* tamquam *mentis cultura*. Ihre, hoc verbo,
tom. II, pag. 181.

mieux la peindre que sous la figure d'une fille modeste, *sage*, sortant du cerveau du père des Dieux et des hommes.

Les Hellénistes qui ont transporté dans la Grèce le culte de cette divinité symbolique, lui ont donné le nom de sa patrie ; ce nom est *Athénée*, il est formé de *at*, *atlant*, qui veut dire la même chose que *Atlante* ou *Athèle*. Ce qui ne permet aucune discussion sur ce point, c'est que cette déesse étoit réellement connue sous le nom d'*Athèle*, et même par ceux, dit Athénagore, qui traitent la chose avec le plus de mystère, c'est-à-dire par les savans qui sont les mieux instruits de l'origine de la nature de la déesse (1). Les Grecs, en lui consacrant ce nom, ont voulu rendre hommage à la nation de laquelle ils tenoient ce précieux mystère, et les principes de la vraie sagesse.

Ulysse, après avoir passé le détroit de Scylla et Charybde, entre dans l'île de Trinacrie, qui est, comme on vient de voir, l'Angleterre. Ses *compagnons* (2) ayant enfreint les ordres divins

----

(1) Nam Artemidis simulacrum et *Minervæ*, sive *Athenæ*, vel potius *Athela*; *Athela* enim dicitur ab his qui rem secretius tradunt. Athenagoras in legatione pro christianis, pag. 141.

(2) Il est remarquable qu'Homère donne toujours aux gens du vaisseau d'Ulysse le nom D'ETAIROI, *compagnons*. Ce mot est encore en usage aujourd'hui en Flandre ; on y appelle constamment les gens de l'équipage SCHIPPERS-MAETS, *compagnons du maître du bateau.*

de l'oracle, en s'appropriant les troupeaux consacrés au soleil, sont punis par *Jupiter* : ils périssent tous dans une affreuse tempête. Ulysse seul échappe, et se sauve comme par miracle dans l'île d'Ogygie, où régnoit la déesse Calypso, fille d'Atlas.

Cette île est probablement l'Irlande, ou l'*Ecosse ibérienne*, en y faisant régner une déesse fille d'Atlas, on veut faire entendre que c'étoit une filiation religieuse et scientifique de la nation des Atlantes. C'est aussi ce qu'Homère fait comprendre en disant que Calypso est la fille de l'*Olophronos*, ou *Omniscius Atlas* (1) ; et surtout lorsqu'il ajoute, comme on l'a déjà observé, qu'Atlas connoît tous les abîmes de la mer, et que, sur des colonnes d'une hauteur prodigieuse, il soutient la masse de la terre et l'immense étendue des cieux. Le mot CALYPSE signifie *secret* ou chose *voilée* ; APOCALYPSE, veut dire *secret dévoilé* ; le mot OCHUM ou OGHAM, qui est la

---

(1) OLOPHRONOS, *Omniscius Atlas*, qui connoît les abîmes de la mer, et qui a, ou qui possède les grandes colonnes qui embrassent le ciel et la terre.

Atlantis filia multiscii, quique maris omnes profunditates novit; sustinet autem columnas ipse longas quæ terramque cælumque amplectuntur. Versio latina Odyssæ, lib. 1, ℣. 52.

Au lieu de *sustinet*, il faut dire *habet* : le mot *exei*, signifie *habet*, *possidet* ; on a dit ici *sustinet*, pour arranger la version avec l'idée qu'on a d'Atlas qui soutient le ciel et la terre sur ses épaules.

Voyez tom. I, page 76.

racine d'*Ogygie*, nom de l'île, signifie encore en langue irlandaise *secret des lettres*. Le mariage que la déesse propose à Ulysse, veut dire qu'on a voulu engager le héros grec à s'aggréger à cette université atlantique, et l'immortalité qu'elle lui promet pour prix de son engagement, c'est l'immortalité que procure la culture des sciences (1).

Ulysse reste sept ans dans l'île d'Ogygie : durant ce séjour il apprend si bien l'architecture navale, qu'il se trouve en état de construire un vaisseau pour retourner à Ithaque. Calypso lui apprend les *mystères* nautiques du ciel, c'est-à-dire, elle l'instruit de l'usage qu'il peut faire des constellations des *pléïades* et des deux *ourses* pour diriger sa navigation.

On ne peut songer au séjour et aux aventures d'Ulysse dans nos climats, et aux connoissances qu'il y acquiert, sans qu'il se présente par analogie à l'esprit l'image du plus rare, du plus

______

(1) Si le baron de Grante, dit Gebelin, tom. III, pag. 460, ne s'est pas trompé, l'alphabet du Tibet seroit encore le même que l'alphabet Irlandais ; ce baron de *Grante* étoit Irlandais : il avoit conversé avec les savans du Tibet, et il possédoit des ouvrages écrits dans cette langue.

Ihre verbo ö, tom. II, pag. 301, après avoir observé que *ea*, *eg*, *eag*, signifient une île, d'où Wachterus fait dériver le mot *ageum*, *mare ageum*, ajoute : *Ogygias etiam* CALYPSUS *insulas, nec non* Hibernicas *idem nominis olim, Plutarcho teste, gerentes, ex eodem fonte nuncupatas fuisse, vir idem doctissimus auguratur.*

intéressant évènement qui soit arrivé dans nos siècles modernes.

On s'attend sans doute que je veux parler de *Pierre le Grand ;* cet homme unique désirant apprendre à civiliser son vaste empire, a été conduit par son heureuse étoile à cette même école, qui avoit été le berceau des premiers législateurs du monde. C'est là, c'est en *Hollande, pays élysien*, qu'il s'est abaissé jusqu'au dernier rang d'artisan pour s'instruire dans l'architecture navale. Il a, comme Ulysse, fabriqué un vaisseau de ses mains ; à l'aide des lumières qu'il a recueillies dans la patrie des Atlantes, il est parvenu à fonder un empire qui sous tous les rapports, occupe un rang éminent parmi les grandes puissances de la terre.

La marche de notre sujet nous a enfin conduit au dénouement des avantures d'Ulysse, lors de son retour à Ithaque. L'explication que nous allons donner de cet important passage mettra le sceau de l'évidence à tout ce que nous avons dit et fait pressentir sur l'esprit qui régne dans l'Odyssée, et sur le but d'Homère.

Pénélope (liv. 21) pour trouver un prétexte d'éloigner les poursuivans, leur dit : " je vais vous » remettre l'arc d'Ulysse ; celui qui le tendra et » fera passer la flèche à travers les bagues des » *douze* piliers sera mon époux. " Aucun d'eux ne put en venir à bout, Ulysse seul fut assez habile pour l'exécuter.

Il est palpable qu'une proposition de cette nature doit cacher un sens allégorique ; car prise à la lettre elle seroit indigne d'une femme qu'Homère et toute l'antiquité nous peignent comme un modèle de sagesse : comment, une princesse vertueuse et prudente feroit dépendre son sort et le bonheur de sa vie , d'un tour de force, ou d'adresse ? le vœu d'une reine aussi distinguée doit être d'épouser un homme capable de bien gouverner ; tel a été le but de Pénélope. Le zodiaque , comme il sera démontré , est le régulateur de la vie humaine et sociale pour toutes les saisons de l'année ; c'est une espèce de loi des *douze* tables qui renferme une constitution divine. La proposition de Pénélope se rapporte , sous une voile énigmatique , à ce cercle du ciel ; les anneaux des *douze piliers* sont les *douze* signes ; tendre l'arc et tirer à travers ces anneaux c'est connoître la nature de ces signes , c'est être instruit de l'art de gouverner les peuples. Pénélope , en reine sage , propose cette énigme pour faire entendre qu'elle prendra pour époux celui qui , par ses lumières , se montrera le plus digne de régner. Aussi Homère nous fait-il assez comprendre qu'il ne s'agit pas ici d'un exercice manuel , mais d'une lutte d'esprit, de science et de sagesse. Car il commence par dire que Pénélope a fait sa proposition par inspiration de la déesse *Minerve* , et il finit en disant qu'Ulysse tendit l'arc , et tira à travers les bagues sans se lever de son siége, *ex sede sedens*, dit la version latine ; *anima sedens, anima sapiens.*

Une circonstance encore plus forte, c'est que ce jeu avoit lieu le jour de la grande fête d'*A-pollon*, dont les attributs emblématiques sont un *arc et des flèches.* Antinoüs, un des poursui-vans, propose même à ses rivaux de faire un sacrifice à *Apollon, qui préside*, dit-il, *à l'art de tirer des flèches.*

Ainsi cette explication nous dévoile le mystère de l'arc et des flèches d'Apollon : les flèches du *soleil physique*, sont ses courses à travers les douze signes du zodiaque ; les flèches d'*Apollon, soleil moral*, sont les préceptes sociaux, basés sur cette course solaire, pour la bonne direction des hommes.

C'est avec le même arc qu'Ulysse combat en-suite les poursuivans, et qu'il réussit à les dé-truire tous ; cela veut dire que c'est par de tels principes de sagesse qu'il est parvenu à confon-dre tous ses compétiteurs, et qu'il s'est montré digne de remonter sur son trône ; c'est la verge de Moïse changée en serpent qui dévore les serpens des magiciens d'Egypte.

Il est visible qu'Homère a voulu peindre par ces traits les précieux fruits que le roi grec avoit cueillis dans le cours de ses voyages, et particu-lièrement chez les sages de la République ély-sienne,

Diodore de Sicile, dans ses rapports sur les Atlantes, dit qu'ils avoient étendu leur empire sur la presque totalité du globe. Nous avons expliqué ce passage en avançant qu'il entendoit par là qu'ils avoient propagé leurs principes et leur culte chez la plupart des nations. L'auteur confirme cette interprétation, lorsqu'il dit que les Atlantes ont été les uns les fondateurs des nations, les autres les fondateurs des villes, ou républiques (1). Il ajoute que tant les peuples étrangers, que *plusieurs Grecs* même, rapportent généralement l'origine de leur civilisation aux Atlantes.

Ce précieux passage appuie d'une manière frappante notre système. Il donne la preuve que les peuples n'avoient pas encore perdu le souvenir du berceau de leurs ancêtres. Les savans grecs, amis de la vérité, pouvoient-ils méconnoître une descendance dont ils apercevoient dans leur pays tant de traces ? Il résultera de ce que nous avons déjà exposé, et de ce que nous serons encore dans le cas de dire, que la patrie des Atlantes étoit presque entièrement transplantée dans la Grèce.

Rappelons-nous que les Phéniciens étoient une filiation des Atlantes, et faisons attention que ce peuple lettré et commerçant a envoyé des colonies dans une infinité de contrées.

____

(1) Quorum hi quidem gentium, hi urbium conditores extiterunt. Itaque non solùm barbari quidam, sed etiam *græcorum plurimi*, priscorum heroum genus ad istas (Atlantides) retulerunt. Diod. Siculus, lib. IV, cap. V, pag. 268.

Nous avons déjà parlé de la Phrygie, de la Crimée et de la Scandinavie ; mais ce qui aura lieu de surprendre, dans un temps où la prévention en faveur de l'Asie règne si puissamment, c'est que ces grandes régions de la terre, les Indes, la Perse, la Chaldée, l'Egypte, auxquelles on ne cesse de rapporter l'origine des sciences, n'ont été endoctrinées elles-mêmes que par des élèves de ce collége général de l'élysée, ainsi il n'est pas question ici de rivalité entre les druides et les savans d'Asie, ils sont tous frères d'origine et de doctrine, leurs lumières partent d'un seul et même foyer, la patrie des Atlantes. Pour rendre sensible cette vérité qui concilie toutes les opinions, commençons par les Brackmannes.

Des Brackmannes.

Attribuer aux Brackmannes l'origine des sciences, n'est pas en faire honneur au pays des Indes ; les Brackmannes sont forcés de convenir qu'ils sont eux-mêmes étrangers aux bords du Gange, et ils ne font point scrupule d'avouer qu'ils ignorent le nom et le lieu de leur patrie ; Bailly, qui reconnoît cette vérité, les croit originaires d'une contrée de l'Asie reculée vers le 5o^e. degré de latitude, et il s'arrête particulièrement à la ville de Selingiskoi. Mais est-il croyable qu'un corps nombreux de savans si respectables, qui a gardé si soigneusement l'héritage scientifique de ses pères pendant des siècles, ait perdu la mémoire de son pays natal, s'il n'en eût été éloigné que de quelques degrés de latitude ? On ne peut concevoir la possibilité de l'oubli d'un objet si cher, qu'en supposant que les Brackmannes sont venus originairement d'un climat tout opposé à celui qu'ils habitent maintenant, et que toute relation avec leur mère-patrie a cessé depuis des milliers d'années. L'étymologie de leur nom vient d'abord à l'appui de cette idée ; MAN, *homme*, dont *Brack—man* est composé, appartient à la langue du Rhin. MAN, *Mannus*, est le fondateur des Germains : *Brackman* est un nom de famille très-commun dans quelques parties de la Belgique ; il y a plus de vingt personnes du nom de Brackman dans la seule ville de Gand. De plus, on trouve dans la Belgique une province qui porte le nom de BRAKLAND, pays de *Brak*, c'est le *Brabant ;* son ancien nom est BRAKBANT, ou BRACBANT, *Bracbantus ;* c'est ainsi que cette province est nommée dans les monumens du moyen âge, et spécialement dans les diplômes de la famille de Charlemagne. L'abbaye de Saint-Bavon, où est aujourd'hui la citadelle de Gand, étoit, selon une chartre de Louis-le-Débonnaire, située *in Bracbanto.*

Bracbant est le même que BRACLAND ; *bant* se prend aussi pour LANT, *pays*. On en a des exemples dans OSTERBANT, *pays d'est*, et WESTERBANT, *pays d'ouest*, noms connus dans l'histoire. C'est de *bant* que vient le nom de BANNEN, *exiler*, expulser du *pays*. BRACKMAN veut donc dire homme du *Braklant*.

BRAKEN signifie *reposer*, *avoir du loisir*; on appelle les terres qu'on laisse en jachère, *brak-landen*; c'est dans ce sens que *lant* et *bant* s'identifient. On laboure les terres destinées à la jachère, et on les met en *bandes*; cet usage, très-commun en Brabant, lui a fait donner ce nom. Le *Brabant* a porté autrefois le nom de *Propontis* (1), et c'est de là que la mer grecque de Marmora a reçu son nom de *Propontïde*, comme l'Hellespont de *Helle*, symbole de *Helland*, Holland, sœur de Phryxus, (la Frise).

Skolé, d'où dérive le mot *école*, signifie en grec OTIUM, *loisir*. On a donné ce nom aux maisons d'instructions publiques, parce qu'on ne sacrifioit à l'enseignement et aux études que les momens de *loisir*, comme on fait encore à la campagne. *Braken* signifie *avoir du loisir*. Les *Brackmannen*, dans ce sens, étoient des gens qui s'exerçoient dans les *écoles*, ou *gymnases*; c'est là précisément l'idée que nous en donne l'antiquité. Strabon et d'autres les appellent *gymnosophistes*, terme qui veut dire littéralement

____

(1) Philippus Abbas, n. 64; asserit Elnonem intra Menapiorum positum fines, *Propontis* nerviisque conterminum. Ubi manu exarato codicis nostro adscriptum est : Menapios esse Tornacenses, *Propontios* bracbatenses, Nervios-Hainonienses. Acta SS. Belgii selecta, tom. IV, pag. 199, n. 14; et tom. I, pag. 290, n. 92.

sophistes, ou *savans d'école* ; c'est encore leur profession moderne. Les Brakmannes sont obligés de faire un long cours d'études dans les colléges de leur université à Bénarès.

Le mois de Juin, dans nos calendriers, porte le nom de *brakmaend*, et dans les fastes de Charlemagne, *bracmonat* ; il veut dire *mois de repos*. C'est qu'alors il y a du repos au ciel et sur la terre, c'est le mois dans lequel le soleil semble faire une *pause*, ou *station*, appelée *solstice*. C'est le mois dans lequel les grains mûrissent, et laissent au cultivateur des momens de repos ; on l'emploie communément à donner un labour aux terres en *jachère*, là où cette culture est en usage.

Outre la langue ordinaire du pays, les Brakmannes ont une langue particulière consacrée spécialement à leurs sciences et à leur culte, et qui est inconnue aux Indiens. C'est sans doute la langue de leurs proto-parens qu'ils auront apportée dans leur nouvelle patrie : or, d'après l'origine qu'on vient de donner à ces savans, ce doit être le vieux *allemand*. Cette vérité, quelquefois soupçonnée, vient d'être démontrée par *Don Paulino à Sancto Bartholomæo*, directeur du Musée de Vienne. Cet érudit, qui a vécu long-temps parmi les Brakmannes, vient de publier une brochure dans laquelle il fait voir une conformité frappante entre leur langue sacrée, le persan et le *vieux* allemand. Le nom même do cette langue annonce son origine. On l'appelle tantôt *hanscrit*, *hanscret*, *samscrit*, quelquefois *sanscrit*. On reconnoît visiblement dans *scrit* ou *scret*, le belge *scrift*, et le français *écrit*. Hanscrit est un *manuscrit*; samscrit, *compilation*; sanscrit, *langue sacrée*.

On a fait nouvellement une autre découverte qui répond parfaitement à ce que nous venons de dire. Les journaux du mois d'Octobre 1800 ont publié qu'on venoit de déterrer à Bénarès un vieux manuscrit en langue sacrée, qui contenoit un traité topographique. Cet écrit donne la description d'une *île* appelée *sainte*. On y trouve dit-on, les noms d'*Isis* et de *Tamisis*; et la description d'un temple en forme de pagode indienne. Comme il s'agissoit d'une *île*, et qu'on y rencontroit les noms de deux rivières connues d'Angleterre et particulièrement celui du beau fleuve la *Tamise*, on s'est flatté que c'étoit la topographie de ce royaume; et la compagnie anglaise des indes a donné des ordres pour en faire promptement la traduction. Il est possible qu'on ait deviné juste, malgré qu'on ne connoisse point de monument qui donne à l'Angleterre l'épithète de *sainte*. Cependant elle peut avoir porté autrefois ce titre par la raison, comme on l'a vu, qu'elle a été consacrée au soleil. N'anticipons point sur la publication de l'ouvrage : il aura sans doute du rapport à notre climat ; mais il pourroit bien avoir pour objet un autre canton. Si le nom de *Tamise* est d'un certain poids en faveur de l'Angleterre, ce nom ne lui est pas exclusivement propre. Il existe aussi en Flandre un endroit nommé *Tamise :* c'est un charmant bourg, situé dans le pays de Waes, avec un beau port sur les bords de l'Escaut. Il se trouve vis-à-vis de *Bornhem*, dont on a traité à l'article des Hyperboréens (1). En nous rappelant ce que nous avons dit à cette occasion, il sera très-aisé d'appliquer à la Tamise de Flandre les aperçus qu'on a tirés du manuscrit *bénarien*. Ce sont les eaux de l'Escaut, réunies à celles de la Meuse et du Rhin, qui gardent l'*île Sainte*. Le temple dont il s'agit sera celui qui étoit sur la rive opposée de l'Escaut, où l'on a déterré la statue de Jupiter-Ammon.

Si *Isis* étoit le nom d'une rivière qui vient grossir les eaux de la Tamise en Angleterre, on ne voit pas du moins que la déesse *Isis* ait joui d'un culte dans ce pays. Ce sont les *Suèves*, peuple allemand qui, selon Tacite, honoroient spécialement cette divinité ; ils la représentoient sous la forme d'un bateau, *in modum liburnæ*. On trouve que les Suèves ont été très-répandus en Flandre ; témoins les villages de SWEVESELE, *salle des Suèves*, et SWEVEGHEM, *séjour des Suèves*, dont les noms offrent encore des traces sensibles de leur séjour. Il existoit des *Suèves* établis sur les bords de l'Escaut en-deçà

____

(1) Voyez ci-avant page 104. et suiv.

d'Anvers, même du temps de Saint-Eloi. Il est dit, dans la vie de ce zélé missionnaire, qu'après avoir prêché la foi dans la West-Flandre, il est allé convertir les Anversois et les *Suèves*, ANDO-VERPOS, et *Suevos*.

Il est assez naturel de rencontrer les Suèves sur l'Escaut ; ils étoient navigateurs de profession. Leur nom, qui vient de SWEVEN, *voguer*, et la manière d'honorer *Isis in modum liburnæ*, le font assez voir.

Disons à cette occasion un mot sur l'étymologie de ANTWERPEN, *Anvers* : on a pris ce mot dans la signification littérale de HANTWERPEN, *jetter la main*, et on a forgé de là les contes les plus ridicules, qu'on nourrit encore par des représentations bisarres dans les jours de grande solemnité. ANTWERPEN est au figuré la même chose que ANKERWERPEN, *jetter l'ancre.* Les ancres sont des espèces de *mains* de fer pour arrêter et stationner les vaisseaux. On appelle *pattes* d'ancre les deux pointes aiguës qui l'accrochent au fond pour retenir les vaisseaux. On a retiré des bords de l'Escaut à Anvers une statue représentant *Isis*, dont il est fait mention dans le recueil des antiquités romaines et gauloises de Mr. DE BAST (1). Aussi comme l'on trouvoit le

______

(1) Voyez le Recueil d'antiquités romaines et gauloises, trouvées dans la Flandre proprement dite, par Mr. de Bast, chanoine de la cathédrale, et recteur de l'église de St. Nicolas, à Gand; imprimé chez *Steven*, 1804, in-8, p. 192, première édition.

port d'Anvers très - propre à y jetter l'ancre et stationner les vaisseaux , il est très-probable qu'on lui aura donné un nom analogue à cette propriété pour servir d'indice aux navigateurs.

Mais ce qui est plus favorable à notre sujet, c'est qu'on trouve encore sur les bords de l'escaut occidental une petite ville qui porte le nom de la déesse *Isis*, c'est le fort d'Isen-dicque, *digue d'Isis* (1). Un poëte du pays le chante comme un monument encore subsistant érigé en l'honneur de la déesse Isis. Sanderus, *in Flandria illustrata*, et d'autres, en font mention. On remarque qu'à peu de distance d'Isendicque il se trouve un golfe de l'Escaut qui est connu dans les cartes du pays sous le nom de *Brackman*.

Quelque soit le pays indiqué par le manuscrit des brackmannes, il est du moins certain qu'il doit tenir à notre climat : les noms nationaux qu'on vient de relever ne laissent sur ce point aucun doute.

Il est très - apparent aussi que l'objet du manuscrit est la patrie des brackmannes. Ces savans n'auront pas manqué, lors de leur émigration , en emportant, comme Énée, leurs dieux et leurs pénates , de garder un monument d'une si grande importance, en mémoire du berceau de leurs ancêtres.

---

(1) *Isendicque*, digue d'Isis, est la même chose que *tam-isis*: *tam* est identique avec *dam*; *tammen* ou *dammen* veut dire *dompter*. Les digues sont des ouvrages propres à dompter les eaux.

II.   12

Si nous sommes entrés dans quelque détail sur ce manuscrit, c'est dans l'espérance que son intérêt pourra contribuer à ranimer le zèle des savans anglais pour en accélérer la traduction. Cette découverte a été annoncée en l'an 1800 ; et depuis cette époque on n'en a plus parlé. Il est à craindre qu'ébloúis d'abord par les noms caractéristiques de *Isis*, *Tamisis*, et ne trouvant pas que le reste réponde à leur curieuse attente, les directeurs de la compagnie anglaise ne laissent imparfaite une entreprise propre à jeter tant de lumière sur l'état de nos premiers pères. Car, pourroit-on douter qu'il ne soit relatif à quelque région de notre continent, et même à la patrie des brackmannes ? Comment ce précieux écrit se trouveroit-il autrement dans leurs mains ? Les Indiens ne prétendent pas être venus éclairer l'Europe ; mais ce que nos missionnaires font tous les jours, en portant les lumières de la religion et des sciences dans les Indes, et dans d'autres contrées éloignées de la terre, le zèle et la philantropie de nos ancêtres l'ont pu faire de même. Si l'histoire n'a pas conservé la mémoire d'événemens de ce genre, la fable y a suppléé. On connoît l'expédition de Bacchus dans les Indes ; ce dieu a conquis cette vaste région avec une armée d'hommes et de femmes portant, au lieu d'armes meurtrières, des thyrses et des tambours.

Une expédition de cette nature est visiblement l'emblême de ces victoires qu'on remporte par la magie de la civilisation (1). On sera pleinement convaincu que le triomphe de Bacchus sur les sauvages de l'orient est du même genre, lorsqu'on connoîtra la nature de cette divinité symbolique.

De Bacchus.

Bacchus est fils de Jupiter et d'une mortelle : à ce langage mythologique, figurons-nous qu'il doit être l'emblème d'une invention assez utile et assez intéressante pour pouvoir passer pour *divine.* On a communément regardé Bacchus comme le dieu de la vigne ; mais originairement il n'est pas plus la divinité emblématique du vin et des vendanges, que Neptune n'a été primitivement l'emblême du domaine de la mer.

Si les travaux d'*Hercule* présentent des inventions et des actions qui ont procuré aux hommes une vie *libre* et *sûre*, tant sur terre que sur mer, l'*invention*, *dont Bacchus est le symbole*, a procuré aux hommes une vie *agréable :* cette invention, c'est l'art de rendre par l'action du feu la nourriture et la boisson des mortels saines et

____

(1) Suffridus, *de origine Frisiorum*, croit que les Frisons sont originaires des Indes. Il cite à l'appui de son opinion, le nom d'une célèbre province entre le Gange et l'Accensum, nommée par Ptolomée et Pline, *Prasia*. Strabon appelle les habitans PRASEOS. Curtius *pharanos, quam ut ego,* dit Suffridus, *majorum nostrorum Frisiam esse suspicor.* Pag. 557.

L'auteur semble convenir qu'ils ont été primitivement nommé SUÈVES. *Pharasii et Suevi sunt navigatores.*

savoureuses. Qu'importe à l'homme l'invention des grains, tant qu'on ignore les moyens de les moudre, et de convertir la farine en pain. La viande crue est-elle un aliment qui convienne à l'homme? et sans le feu, le brasseur nous fourniroit-il cette boisson nutritive et agréable, nommée *bière*, qui est le nectar du Valhalla des Scandinaves? Blé, viande, poisson, légumes, tout doit être *régénéré par le feu*, et prendre une *nouvelle vie*. C'est la *cuisson* qui rend tous ces alimens propres à l'usage des hommes et conservatifs de leur santé : *cuisson* se dit en notre langue BACK, GHEBACK, *cuire ;* BACKEN, BACKER, *boulanger ;* de là le nom de *Bacchus*.

En considérant Bacchus comme l'embléme de cette salutaire invention de *cuire*, *bouillir*, *rôtir les vivres*, on découvre à l'instant le sens de tous les mystères qu'on a débités sur ce dieu. Bacchus est retiré du sein de sa mère au milieu des flammes ; il est BIMATER, ou *deux fois né*. La première naissance est la nature crue des alimens; la seconde, c'est leur renaissance par la puissance du feu. *Sémelé*, nom de sa mère, veut dire *son de farine*. Bacchus est toujours peint dans l'âge de la jeunesse et de la beauté (1) ; la cuisson rajeunit, et rend les comestibles agréables à la vue comme au goût : on lui met sur le front

______

(1) Homère appelle Bacchus *Gaudium mortalibus*, (*Xarma Brotoisin.*) Odyssée, liv. 9, ℣. 324.

deux cornes, ce sont les symboles de la grande étendue de son empire ; on veut dénoter par là que l'usage de cuire les alimens a gagné les deux bouts de la terre, l'orient et l'occident. La conquête des Indes, c'est leur civilisation, et l'introduction de cette pratique bienfaisante chez les peuples de ces régions.

Bacchus est mis en pièces par les Titans : on coupe un animal en morceaux pour le faire bouillir ou rôtir ; cette interprétation nous donne le mot d'un rit énigmatique du culte de Bacchus rapporté par Saint Clément d'Alexandrie, et qui dévoile parfaitement le mystère de sa nature.

»Les Titans, dit-il, qui avoient déchiré »Bacchus de leurs mains, ont jetté ses membres »dans une *marmite* posée sur un trépied, et après »les avoir *fait cuire* dans de l'eau, ils les ont »retirés, attachés à des *broches*, et posés sur »du brasier (1). »

Le pieux docteur paroît scandalisé de cette pratique ; il la cite pour discréditer la mythologie ; mais n'est-il pas évident qu'en style mystique, l'action des Titans n'est autre chose que celle de *cuire* et *rôtir* des viandes, et que c'est un rit commémoratif de cette précieuse invention ?

____

(1) Titanes vero, quorum manibus laniatus erat (Bacchus) ipsius membra in lebetem supposito tripodi conjecerunt, eaque prius elixa, verubus postmodum infigentes Vulcano imposita tenebant. S. Clem. Alexandr., cohortatio ad gentes.

Le même auteur, page 31, rapporte aussi que, par ordre de Jupiter, Apollon a déposé le corps déchiré de Bacchus sur le mont Parnasse. Il n'est pas difficile à présent de deviner le sens de cette fable : elle veut dire que les prêtres hyperboréens, qui ont fondé l'oracle de Delphes, et établi une académie des sciences sur le mont Parnasse, y ont apporté aussi l'art de préparer les alimens.

L'ouvrage dans lequel on rencontre ces passages de Saint Clément d'Alexandrie est une lettre pastorale aux Gentils, (*cohortatio ad gentes*), dans laquelle l'auteur s'attache à inspirer de l'horreur pour le culte payen, par l'immoralité et l'impiété qu'il croit apercevoir dans le récit des fables. C'est là où il déclame fortement contre les amours de Jupiter avec Alcmené, mère d'Hercule, et avec Sémelé, mère de Bacchus. Selon lui, la nuit de la conception d'Hercule, au lieu de trois nuits (1), a duré neuf nuits consécutives. Cet auteur vénérable, qui cependant avoit été initié, prend toutes ces fables à la lettre ; ce qui fait bien voir jusqu'à quel point on étoit devenu ignorant dans la science mythologique, ce qui prouve en outre qu'on apprenoit aux initiés les fables sans leur en donner l'explication. L'hiérophante, en terminant la cérémonie, congédioit l'assemblée, en

----

(1) Voyez tome I. pag. 236.

disant KONX OMPAX, ce qui veut dire, comme nous le verrons, *qui potest capere, capiat.*

Diodore de Sicile, quoique communément plus fidèle à rapporter les fables, que curieux d'en rechercher le sens, a eu cependant des aperçus sur la fable de Bacchus, qui reviennent pour le fond à ceux qu'on vient de développer. Il en fait toutefois une fausse application, en prenant Bacchus pour le dieu des vendanges. L'auteur explique la double naissance de Bacchus, en disant que la première vient de la *terre* et l'autre de la *vigne* (1).

Quant à la cuisson des membres de ce dieu, il croit en trouver le mot dans l'usage où plusieurs personnes étoient de faire *bouillir le vin* (2); mais si on peut faire bouillir le vin, on ne peut pas du moins le mettre à la broche, comme les Titans firent des membres de Bacchus.

C'est par analogie que Bacchus, après la découverte de la vigne, est devenu le Dieu de la liqueur tirée des *raisins.* Il étoit déjà le Dieu de la liqueur tirée des *grains* par la *coction* ou la force du feu. La bière a porté aussi le nom de *vin*; elle étoit connue en Égypte sous le nom de Zythos; les Saïtes y en avoient in-

____

(1) *Una nativitas è terra, altera è vite æstimanda.* Diod. Sic., lib. IV. cap. V. pag. 271.

(2) *Fabulosa membrorum ellixatio morem innuit quo plurimi vinum decoquunt.*

troduit l'usage. Le lexicon Schrevelii fait dériver avec justesse le mot ZYTHOS du teuton ZIEDEN, *coquere*, *est enim*, dit-il, POTUS COCTUS. Les latins disent *cerevisia*, mot composé de *vis cereris*, esprit ou *force des grains*. Bacchus, ayant acquis le domaine du vin, en a pris le titre comme de la plus noble partie de son empire ; mais son trône, qui est un tonneau, a du rapport tant au jus des *grains*, qu'au jus des *raisins*.

On connoit le conte rapporté par Hérodote de BEK, BECCOS, *pain*, qui a décidé du droit d'ancienneté entre l'Egypte et la Phrygie ; et quoique cette fable appartienne proprement à l'histoire d'Egypte, elle ne sera pas hors de place à la suite de celle de Bacchus. La voici telle que nous la donne Hérodote :

»Les Egyptiens, dit-il, s'estimoient les plus »*anciens* peuples de la terre avant le règne de »*Psammeticus* ; mais quand ce prince fut par- »venu à la couronne, il lui prit envie de sa- »voir quels peuples étoient les aínés ; et de- »puis ce temps là ils ont cru que les *Phry-* »*giens* étoient plus anciens qu'eux, et que, »pour eux, ils étoient plus anciens que les au- »tres. Car comme Psammeticus, après beaucoup »de recherches, ne put rien découvrir, il s'avisa »de l'invention suivante ; il prit deux petits en- »fans de basse naissance qu'il donna à un ber- »ger pour les élever. Il lui commanda de ne »point parler devant eux, de les mettre nus à

»l'écart dans une maison où il n'y auroit per-
»sonne. Il voulut que de temps en temps on y
»amenât une chèvre pour les allaiter, et qu'au
»reste on leur procurât toutes les choses néces-
»saires. Psammeticus vouloit essayer par ce moyen
»quelle langue parleroient ces enfans, et quelle
»seroit leur première expression lorsqu'ils com-
»menceroient à articuler. La chose arriva comme
»il avoit désiré ; au bout de deux ans , lorsque
»le berger, qui en avoit soin, ouvrit la porte
»et entra dans la chambre, ces deux enfans ,
»venant au devant de lui et lui tendant les
»mains , crièrent tous deux *bek , bek*. Le berger
»ne dit rien la première fois qu'il entendit
»ce mot. Mais , ayant observé que chaque fois
»qu'il entroit, les enfans lui disoient la même
»chose, il en avertit le roi ; et par ses ordres
»il les aména devant ce prince. Psammeticus les
»ayant entendus lui-même , fit rechercher avec
»beaucoup de soin , s'il existoit quelque peuple
»qui appellât quelque chose du nom de *bek* , et
»enfin il trouva que les Phrygiens se servoient
»de ce mot pour signifier du *pain ;* de sorte que
»les égyptiens, convaincus par cette conjecture,
»cédèrent le droit d'aînesse aux Phrygiens et les
»jugèrent plus anciens qu'eux. »

Il y en a qui ne s'éloignent pas de regarder
ce récit comme une vérité historique ; mais
comme ils ne croient pas cependant que *bek* soit
un mot inspiré par la nature , ils expliquent ce

phénomène en disant que ces enfans , habitués à entendre le bêlement du troupeau de leur gardien , ont pris de là l'usage d'imiter le cri de la brebis en articulant *bek*. Mais on observe d'abord que cette historiette se raconte de diverses manières. Les grecs , dit Hérodote , l'ont enveloppée de différentes circonstances ridicules , et ont prétendu entr'autres choses que Psammeticus donna ces enfans à nourrir à des femmes auxquelles il avoit fait couper la langue.

Au reste si le cri de ces enfans eût ressemblé au bêlement des brebis , leur gardien qui étoit berger auroit-il pu s'y méprendre ? et auroit-il dénoncé une pareille circonstance comme un phénomène ?

Disons donc hardiment que ce conte renferme une tradition mystique. Il ne peut pas être question ici d'ancienneté *physique* , ou de la création des hommes. On ne voit pas que ces sortes de discussions soient entrées dans l'esprit des philosophes élysiens. Mais il s'agit d'ancienneté *morale* , c'est-à-dire d'ancienneté de *civilisation*. Les égyptiens , quoique fiers et glorieux d'une haute antiquité de civilisation , ont cependant été forcés de reconnoître non seulement le droit de priorité du peuple qui avoit inventé le pain , ou l'art de préparer les comestibles , mais que c'étoit à lui qu'ils en étoient redevables ; cette invention est le complément de la civilisation. Les premiers hommes dans nos climats n'ont eu longtemps pour nourriture que du gland, des fruits sauvages, ou d'autres alimens grossiers ; leur vie ressembloit assez à celle des animaux. Ce n'est que depuis l'invention du blé et de l'art de le convertir en pain que *les hommes ont commencé à vivre d'une manière digne des hommes.* Bacchus a procuré aux mortels les agrémens de la vie, les fêtes, les réjouissances. C'est l'art d'améliorer les alimens qui a rapproché les hommes, qui les a rassemblés dans des *repas communs* ; ce sont les tables, les repas en commun qui ont donné l'idée des sacrifices religieux, et qui ont établi qu'on appelle *communion des fidèles.* Tout cela se développera par la suite.

Les noms des rois les plus célèbres de l'Egypte sont la plupart emblématiques, et n'indiquent que des époques mémorables de la civilisation de ce pays ; *Psammeticus,* comme nous le verrons à l'article du labyrinthe, est l'emblème des *agapes,* ou repas communs des Egyptiens ; le mot vient de T'SAMEN ETEN, *manger en commun.* La fable indique que ce sont les Phrygiens, non pas ceux de l'Asie, mais les *Frisiens* des Champs élysées, qui leur ont apporté et enseigné cette institution religieuse.

Il a toujours régné une tradition confuse sur l'excellence et la haute antiquité de la langue teutone : on sembloit être persuadé qu'elle étoit la langue primitive des nations. Frappés de cette idée, plusieurs écrivains ont fait des essais pour

la vérifier ; celui qui s'est le plus distingué dans
cette recherche , c'est Goropius Becanus d'Anvers.
L'auteur sachant que *bek*, *becker*, en dialecte
brabançon, sont la même chose que BAK, BACKER,
a cru trouver tant d'appui dans le conte de *Bek*,
qu'il l'a pris pour base de son sujet. Il a donné à
son ouvrage le titre de *Cimmeriorum becceselana* (1).
Becanus, érudit, mais peu judicieux, avoit trouvé,
comme on a vu précédemment, que nos proto-parens ont été nommés Cimmériens : voulant mettre
d'accord son système avec les idées qu'il avoit sur
le sens des livres sacrés , il fait venir ses Cimmériens du fond de l'Asie ; il les fait cotoyer la mer
Caspienne et la mer Noire pour ne pas se trouver
à la construction de la tour de Babel. Par ce
moyen, dit-il, leur langue, la primitive et celle
qu'on parloit au paradis , est demeurée pure, et
les Cimmériens l'ont apportée intacte dans nos
climats. C'est en confondant l'époque de la *créa-*
tion de l'homme avec celle de sa *civilisation*, que

---

(1) Goropius Cimmeriorum Becceselana. Il divise son ouvrage en neuf livres, parce que le nombre *negen* lu à droite
ou à gauche est toujours le même. Les Gomeriens ou Cimmériens se sont écartés de la route de Babylone en transmi-
grant dans l'Europe, ils sont venus occuper la Phrygie, où
le mot BECCOS signifioit *pain*. Aristophane avoit tourné en
ridicule l'histoire de BEC, BECCOS, ainsi que la prétention
des Arcadiens d'être plus vieux que la lune , et il appelle
ces peuples *Becceselanes* ; de là le titre de Goropius. Les
Arcadiens étoient nommés *Proselani*.

l'on donne dans de pareils écarts, et Léibnitz les a évités, en rapportant l'origine et la gloire de la langue teutone à la mythologie.

Les Latins ont donné à Bacchus le nom de *liber* : ils l'appellent *liber pater* ; nous verrons au chapitre du systéme hebdomadaire, qu'il a été nommé ainsi à cause qu'il est l'emblême de l'institution des jours de récréation ou des fêtes appelés *jours libres*.

Des Mages de la Perse.

Les Perses, dit Ammien Marcellin, sont originairement Scythes (1). Voilà donc les Perses aussi étrangers ! nous avons vu que le nom de *Scythes* ne se bornoit pas au nord de l'Asie ; mais qu'on l'a appliqué aussi à plusieurs peuples de l'Europe. Les lexicographes allemands considerent même la langue scythique comme la langue-mère des dialectes du nord de l'Europe. Dans ce cas, on ne doit pas trouver étrange la conformité que, selon Don Paulino, on rencontre entre les langues persanne, allemande et samscretane. Il y a déjà quelque temps qu'on a aperçu une analogie frappante entre le persan et l'allemand. Parmi les énigmes, dit Ihre dans son introduction, que le 17me. siècle a proposées à la solution des savans, se trouve cette

____

(1) Persæ originirùs Scythæ. Ammianus Marcellinus, lib. 31. n.° 11.

singulière harmonie entre la langue persanne et la langue allemande, qui a été aperçue par Elichmann, Bochart, et d'autres savans dans les langues orientales. Cette vérité, poursuit-il, est aujourd'hui généralement reconnue : elle présente à résoudre le problème suivant : Cette conformité est-elle l'effet du hasard ; est-elle née des relations commerciales ; ou bien doit-on la trouver dans une identité d'origine ? L'auteur, après avoir discuté les deux premiers points, et démontré qu'on ne peut attribuer cette ressemblance ni au hasard, ni à des relations de commerce, en conclut qu'on est obligé d'adopter l'opinion d'un grand nombre d'érudits qu'il cite, tels que Pezron, Wachter, Perinskiold, Marsham et autres, qui prétendent que cette conformité de langage ne doit être cherchée ailleurs que dans une *communauté d'origine* (1) ; car, ajoute-t-il, les Scythes ne sont pas moins Perses, que Goths ou Germains.

Ihre remarque ensuite que l'affinité de la langue allemande avec la persanne ne se manifeste pas seulement dans des mots et des termes particuliers, mais aussi dans le génie de la langue et dans les inflexions des verbes, observation qu'il appuie d'une manière sensible par la comparaison du verbe *être*. Il remarque aussi que les verbes

---

(1) Hanc communionem vocabulorum aliunde arcessendam non esse quam a *communione* originis. Ihre, in proœmio, tom. I. pag. XIV.

persans ont à l'infinitif leur terminaison en *eu*, comme les verbes teutons.

Parmi les mots persans dont la conformité avec les nôtres se présente d'une manière sensible, se trouvent les noms des membres qui composent les familles, tels que PADER, *père*, MADER, *mère*, DOCHTER, *fille*, BRADER, *frère*; il n'y a sûrement pas de termes qui annoncent mieux une généalogie commune.

Un autre terme encore plus frappant, c'est *Choda*, nom de l'Être suprême; c'est le même que le teuton GOD, *Dieu*, qui signifie proprement *bon*, comme pour dire *l'être bon*, ou *bienfaisant par excellence*. Il désigne le créateur dans ses rapports avec la créature humaine. C'est un titre sacré qui peint le dogme de la *Providence*.

Une chose qui nous fournit, sur ce sujet, encore de grandes lumières, c'est le nom de *mages* que portent les prêtres philosophes des Perses (1). Ce mot n'est pas oriental, il appartient au nord de l'Europe, et exprime exactement la profession de ces savans, comme le terme brackman exprime celles des gymnosophistes des Indes.

On essayeroit vainement de chercher l'étymologie du mot *mages* dans les langues orientales, après le succès peu satisfaisant du savant anglais

---

(1) L'abbé de Tressan croit que la religion des Mages et celle des Druides ont la même origine. Mytholog. comp. tom. II, pag. 323.

Hyde, dans son Traité *de Religione veterum Per-*
sarum. L'auteur, dans la discussion sur cette étymologie, cite deux écrivains qui s'en sont occupés,
savoir Phirusabadius, savant arabe, et Ecteri-
Kara-Hisari, lexicographe oriental. Le premier
fait dériver le mot *mage* de deux mots persans
MIGI-GHUSH, qui signifient *homme à petites oreilles,*
PARVIS AURIBUS PRÆDITUS. L'autre dit aussi
que MAGJUS veut dire *parvis auribus vir*. Le grave
docteur a la bonhommie d'avouer qu'il a pris des
informations sur ce phénomène, et que l'homme
qu'il avoit chargé de les lui procurer, lui a rapporté, comme il devoit bien s'y attendre, que
les oreilles des Mages n'étoient pas plus petites
que celles des autres Persans.

Ce sont là les seules étymologies que le docteur Hyde a pu découvrir sur le mot *mag*, en
grec MAGOS. » Mais quoiqu'il en soit, ajoute-t-il,
» il est du moins certain qu'il devoit être bien
» vieux, puisqu'il est antérieur au siècle du pro-
» phète Jérémie. »

L'auteur fait ensuite quelques observations sur
le mot *magie* dont l'acception moderne est si
différente de celle qu'on y attachoit autrefois.
On regarde aujourd'hui un mage, ou un ma-
gicien comme un sorcier et un imposteur, et
la magie comme un sortilège. On a vu comment les modernes traitent encore la déesse
Circé, emblème de l'ancienne église, parce
qu'Homère et d'autres, semblent lui avoir attri-

bué des vertus et des pouvoirs qu'on prend encore de nos jours pour de la magie. Mais ce n'étoit pas là l'idée que les anciens philosophes en avoient. Ammien Marcellin, comme on l'a déjà observé, rapporte que Platon regardoit la magie comme le culte le plus pur de la divinité. Pline, Cicéron et nombre d'auteurs nous enseignent ce qu'on doit entendre par *magie*. Personne n'a jamais envisagé les mages de Perse comme des hommes malfaisans, *malefici*, mais comme des philosophes qui étudioient la nature, et faisoient usage de leurs connoissances pour le bien-être général.

Philon (pag. 876.) appelle les mages NATURÆ SCRUTATORES, *naturalistes*; voilà la véritable étymologie du mot; *mages* signifie *naturalistes* (1). Il désigne des hommes qui s'appliquent à l'étude de la *nature*; cela s'entend de la nature tant divine qu'humaine. *Mag* (2), terme qui a différentes acceptions, signifie en ancien teuton *nature*. Il

---

(1) Ille penes Persas magus est qui sidera novit,
    Qui sciat herbarum vires *cultumque* Deorum.
Apud Persas magi scrutatores naturæ, præ cæteris veritatis cognoscendæ studio qui per otium divinas virtutes contemplantur clarius et alios eisdem initiant mysteriis. Hyde, p. 327.

Ihre, au mot *mäc*, confirme, d'après Wachter, que ce mot, quoique vieilli, signifioit anciennement *nature*. Tom. 2. p. 152.

(2) *Magan* en mœso-goth. et en A. S. est *posse*, *valere*. Ten Kate, tom. 2. pag. 299.

dérive du verbe *magen*, aujourd'hui *mogen*, POSSE, VALÈRE, *pouvoir*, *valoir* ; l'essence de la nature est *la puissance, ou la force des choses.*

Admirons encore ici la profonde sagesse de nos ancêtres dans les choix des noms qu'ils ont imposés aux choses, ils frappent par leur énergie : ce sont toujours autant de définitions. Seroit-il possible de désigner mieux la nature que par un terme qui dénote *la force des choses ?* En admettant que les savans qui ont civilisé la Perse étoient des philosophes du domaine de Circé, on découvre dans cette circonstance l'origine du mot *Persé ;* Circé étoit fille de *Persée,* nymphe, fille de l'Océan.

Nous ne disons encore rien de la conformité qu'on rencontre entre la doctrine des savans étrangers et celle des druides ; le développement de la philosophie ancienne nous procuerra souvent des objets de comparaison qui prouveront avec la dernière évidence que toutes les sciences et les institutions émanent d'une école unique, qui est celle des législateurs élysiens.

Des Prêtres chaldéens.

Si les brackmannes et les mages sont étrangers à leur demeure actuelle, les prêtres chaldéens sont également étrangers aux rives de l'Euphrate ; et ce qu'ils ont encore de commun avec les autres, c'est qu'ils ont également oublié le sol

natal de leurs pères. Le Zend-avesta (1), qui est
leur bible sacrée, apprend qu'ils sont originaires
d'un pays où les plus longues nuits d'hiver sont
le double des nuits les plus courtes de l'été; ce
qui ramène leur patrie vers le 5o.me degré de latitude, parallèle qui, comme on ne cesse de le
voir, est le point central de tout la haute antiquité (2). Concluons de là, comme nous avons
fait à l'égard des brackmannes, et même avec
plus de raison, que leur patrie ne peut pas appartenir à l'Asie, mais à l'Europe : car comment
auroient-ils pu l'oublier cette patrie si elle eût
existé en Asie, et seulement à quelques degrés
de distance de la Chaldée ? ce raisonnement se
justifie d'abord par leur dénomination : *Chaldéens*
vient de KALDEN, KALTEN, le même que KELTEN,
celtes ; l'Europe est la *Celtique* de l'ancien monde.

____

(1) Le livre de Zoroastre est la loi de l'Asie occidentale,
le livre savant de la Perse et d'une partie de l'Inde : nous en
avons extrait la plupart des comoissances astronomiques des
Perses, qui sont dans cet ouvrage. On y lit que le plus long
jour d'été est double du plus court jour d'hiver. Ceci détermine
le climat où le livre de Zoroastre a été composé, où cet ancien
philosophe a recueilli les connoissances qu'il nous a transmi-
ses. Il n'y a que le climat de seize heures, c'est-à dire où le plus
long jour est de seize heures, et le plus court de huit., qui
puisse satisfaire à cette condition. Bailly, astr. anc., p. 100.

(2) Ptolomée rapporte dans ses calendriers des observations
du lever et du coucher des étoiles, faites sous le climat de
seize heures, c'est-à-dire sous le parallèle de 49 degrés.
Bailly, *eod.*

Quant à la partie de l'Europe d'où les prêtres chaldéens sont venus , Plutarque nous a donné sur ce point des notions satisfaisantes dans la vie de Marius dont nous avons fait usage en traitant de l'origine des Cimbres (1). L'auteur les fait partir des côtes *maritimes* du nord : il décrit même les routes et les saisons de leurs émigrations.

Ce qui détermine encore plus précisément l'endroit de leur première patrie , c'est le nom de leur célèbre idole BEL , *Belus*. Ce mot indique évidemment la Belgique. *Bel-gio* dont on a fait *Bel-gium* , signifie pays de *Bel ; gio , go , gau* , en grec *gé* , *gaia* sont des termes un peu variées , qui tous, comme on l'a déjà observé (2), veulent dire *pays* , et spécialement pays *habité* , du verbe *gaen* en anglais GO , *aller* , *marcher*.

Le mot *Bel*, le même que *Belus*, *Bal*, *Baal*, devenu le titre du dieu de la plus grande monarchie de l'univers , et de la fameuse ville de Babylone , offre un exemple frappant des métamorphoses littéraires opérées par la corruption du culte à l'aide du style métaphorique.

Bel , qu'on interprète en langue orientale par le mot *chef* , *seigneur* , interprétation qui n'a pour base qu'une acception *adoptive* de cette langue , est dans son origine un terme très-simple. Il signifioit, comme il signifie encore , *son-*

---

(1) Voyez tome I. page 168.
(2) Voyez tome I. page 129.

nette. Les pasteurs pendoient au col d'un beau *mouton mâle*, HAMMEL, qu'ils destinoient à être le guide du troupeau, une *sonnette*, BEL, pour attacher les brebis à ses pas, et les rallier autour de lui. Ce mouton conducteur fut appelé de ce chef BEL-HAMMEL, *bélier à sonnette.* Ne cherchons point ailleurs la racine de notre mot *bélier*, il vient positivement de BELLEN, *sonner ;* un *bélier* est un BELLER, un *sonneur.* Cette qualification si simple passa bientôt au figuré, de l'économie pastorale dans l'économie politique et religieuse. Le mot BEL-HAMMEL devint en style figuré un titre métaphorique de prééminence ou de supériorité. Jupiter reçut le surnom de *Bel*, et fut appelé *Belhammel.* Ce qui a contribué particulièrement à établir cette idée emblématique, c'est l'usage qu'on a fait des sonnettes comme symbole de pouvoir et de commandement. Les présidens des assemblées du peuple se servoient de la sonnette pour ouvrir et lever les séances, pour imposer silence, faire cesser le tumulte ; on construisoit des tours dans lesquelles on suspendoit de *grosses sonnettes* ou *cloches* pour convoquer les communes, annoncer des jours de fêtes, des momens de dangers, ou autres affaires d'un intérêt public. Il n'appartenoit qu'aux magistrats de régler le mouvement de ces signaux impératifs. Ces tours, élevées en forme de forts, prirent le nom de *Bel-fort*, BELI-FORTIUM, *fort à sonnettes ;* d'où est venu le mot corrompu *beffroi.*

Rien ne caractérise mieux l'idée qu'on a eue de la *sonnette*, que l'usage qu'on en a fait dans les inaugurations des souverains belges; c'est là où elles sont devenues l'emblème de la puissance souveraine. Dans les fêtes solemnelles du sacre des comtes de Flandres, on appendoit au trône inaugural une sonnette. Du moment où les prestations des sermens étoient finies, le prince inauguré tiroit trois fois la corde de la sonnette en signe de prise de possession de la souveraineté du pays. Cette forme d'intronisation a duré jusqu'à la dernière existence politique du comté de Flandres. Voici la relation qu'en donne l'acte d'inauguration de l'empereur Léopold, frère de Joseph II, célébrée à Gand le 6 Juillet 1791.

»Lorsque le prince royal, le duc Albert de »Saxe, eut prêté le serment, il prit possession »du pays et comté de Flandres au nom de Sa »Majesté, en sonnant par trois fois une *petite* »*cloche* (*Bel*) suspendue à côté du dais, *céré-* »*monie instituée d'ancienneté, pour marque de cette* »*prise de possession.* »

Si la sonnette est devenue le symbole d'une si haute importance, si son nom *Bel* a été donné à *Jupiter*, si BEL-HAMMEL signifie *bélier, conduc-teur,* DUX GREGIS; c'est sans doute dans le même esprit qu'on a donné au pays même, patrie de Jupiter, le nom de *Bel-gio*, ou *Bel-land*, pour signifier *chef-pays*, pays du peuple conducteur, instituteur des autres nations, comme on l'a nommé ATLANT, *patrie*, pour indiquer la patrie *par excellence*, ou pays qui a appris aux autres peuples l'art de se *nourrir*, et de vivre selon la condition des hommes. Si AT, ATTA, signifie *père*, c'est pour exprimer le devoir que la nature impose à un père qui est celui de nourrir ses enfans. ATE, dont son nom est composé, veut dire CIBUS, *nourriture* ; ATLANT est le pays *nourricier de l'ancienne terre.*

Ce sont les prêtres chaldéens qui ont construit à Babylone la fameuse TOUR DE BEL : *tour de Bel* et *Bel-fort* sont identiques. Les premiers *forts* qu'on a bâti étoient des *tours* ; on les employoit primitivement à garder les criminels, et c'est de là qu'est venu leur nom THOREN. *Tour* dérive du mot *Thor*, nom de la divinité qui présidoit à la justice criminelle, ou vengeance publique. Le dieu *Thor* est représenté armé de la foudre ; son nom vient de THOORN, *colère ;* de là aussi le mot THONDER, *tonnerre :* le dieu lançant la foudre et excitant le bruit du tonnerre, a l'air d'un dieu en *colère.*

Les tours sont encore employées de nos jours pour servir de prisons ; telles sont la tour de Londres, la tour du Temple, le château des Sept-Tours à Constantinople, et nombre d'autres. Dans la Belgique, la partie basse du *Belfort* ou *Beffroi* de Gand est la prison ordinaire de la ville. Nous reviendrons sur ce sujet à l'article du dieu Thor, où nous ferons voir que TOUR DE THOR, *turris*

Thor, a donné lieu au mot *torture*, et celui - ci
au mot corrompu *tartare*.

Indépendamment de ce que les *Belforts* étoient
très-propres à servir de prisons, à placer et
faire entendre le son des cloches ; à épier les
approches de l'ennemi ; indépendamment aussi
de ce qu'ils étoient des lieux d'asyle, de dépôt
de choses précieuses et de défense, on les employoit encore heureusement pour observer les
astres, étudier le mouvement du ciel, et pour
annoncer les nouvelles lunes. La tour de *Bel* à
Babylone étoit dans ce cas ; c'étoit un observatoire des prêtres chaldéens renommés pour
leurs grandes connoissances astronomiques.

Une tour extraordinairement haute, et sur le
sommet de laquelle on peut contempler une vaste
étendue du firmament, et étudier à son aise les
loix du système planétaire, peut passer en style
hyperbolique pour un bâtiment qui s'élève *jusqu'au
ciel*. Ce langage, comme nous avons vu, n'étoit
pas étranger à Homère ; la tour de Scylla, selon
lui, portoit sa tête jusqu'aux cieux : *Altum cœlum
attingit*. Beaucoup de gens ont confondu la *tour
de Bel* avec la *tour de Babel*.

Ce que nous venons de dire sur les Chaldéens (1)
est plus que suffisant pour démontrer leur descendance des Elys. s belges ; passons à l'Egypte.

____

(1) *As-ur*, dont on a formé *Asyriens*, est la même que *Ur-as*
ou *Uranus*. Il n'y a de différence que dans la transposition des
mots ; ainsi *Asuriens* et *Uraniens* sont identiques.

De l'Egypte.

L'Egypte est un pays qui, depuis des siècles, attire les regards des curieux et fixe l'attention des savans ; ses superbes monumens, ses pyramides, ses temples, les phénomènes du Nil, la fécondité de son sol, la sagesse de son gouvernement, la doctrine de ses anciens prêtres qui comptent parmi leurs élèves Solon, Pythagore, Thalès, Platon, Hérodote, et d'autres grands hommes de la Grèce ; tous ces avantages ont fait regarder l'Egypte comme le *centre* des arts et des sciences. Mais n'en concluons pas qu'elle en ait été aussi le *berceau ;* la richesse des monumens, la pompe des cérémonies, l'éclat des exercices littéraires, sont les enfans du luxe, et appartiennent non à la *naissance*, mais à l'âge *viril* des arts et sciences. Pour rendre cette vérité sensible, nous avons cité (1) l'exemple de Rome, siége du chef du monde catholique, et centre des arts, des monumens et des cérémonies qui ont illustré le culte chrétien ; ce n'est pas dans cette métropole moderne qu'on doit chercher le berceau de la religion chrétienne, et Rome ne conteste pas à Béthléem et à la Palestine leurs droits de primogéniture religieuse.

De même l'Egypte ne s'attribue pas la création de son culte et l'origine de sa civilisation. Elle reconnoît, comme nous venons de le voir (2), par la

(1) Voyez tome I. page 82.

(2) Voyez page 184 de ce vol.

fable de *Beccos*, ses devanciers et ses instituteurs dans la nation frisienne : elle ne prétend qu'au second rang. L'Egypte est, sous différens rapports , comme une autre Rome de l'ancienne église. Cette tradition allégorique n'est pas le seul monument de son aveu, il y a une autre fable qui est encore plus expressive ; c'est celle qui porte que les *Dieux* sont venus se *réfugier* en Egypte sous la figure de différens animaux. Si les Dieux sont venus en Egypte, n'importe à quelle occasion, il s'ensuit qu'ils n'en sont pas originaires, et que l'Egypte n'est pas leur patrie : nous savons qu'il faut entendre ici par *Dieux*, les ministres de la religion, ou les savans législateurs de l'église ancienne. Ils ont pris , dit-on, la fuite sous la forme de différens animaux ; on a cru pouvoir rendre raison de ce mystère en disant qu'ils étoient arrivés en bateaux distingués par le nom de quelque animal. Le vrai sens de la fable est que les Dieux se sont réfugiés en Egypte avec la milice céleste, c'est-à-dire, qu'ils ont apporté dans ce pays la connoissance des signes du Zodiaque et des constellations du ciel peintes sous la forme d'*animaux*, dont l'ensemble est l'emblème de leurs arts, de leurs sciences, et de leurs institutions.

Ce qui vient particulièrement à l'appui de l'une et de l'autre fable, c'est la notice que l'histoire nous donne sur l'origine de la civilisation de l'Egypte. Cette province a été soumise, dit-on ,

pendant un grand nombre de siècles à l'empire
des Dieux; on doit assurément, par cet empire,
entendre une existence naturelle, ou non civilisée, puisque, selon les historiens, l'Egypte n'a
été civilisée que par un homme - roi qui a suc-
cédé à ces prétendus Dieux. C'est celui - ci qui
a policé la nation et qui lui a donné un culte.
Cet homme - roi, selon Diodore de Sicile, s'appeloit *Menas* (1); souvenons-nous que ce mot,
le même que *manas*, signifie précisément en langue
frisonne, *homme - roi*; nous avons trouvé (2) son
trône primitif dans l'île des Bataves, au lieu
nommé *Mannaritium*, MANRIK, ou MANNAS–RIK.
Le terme *manas* est le titre symbolique des premiers fondateurs des empires.

Il résulte de ce témoignage, que l'Egypte a
tardé très - longtemps à être civilisée. L'histoire
s'accorde parfaitement en ce point avec sa position physique. On a justement remarqué que
la Basse - Egypte, à cause de sa grande exposi-
tion aux inondations, n'a pu être habitée par un
peuple en corps avant que le terrain n'en ait été
rehaussé; on a aperçu ce rehaussement, mais

---

(1) *Post Deos, aiunt, primus Ægypti rex fuit Menas. Is
Deos venerandi, et rem divinam faciendi rationem populo
tradidit. Mensas etiam adornare, ac lectos, pretiosisque stra-
gulis uti docuit, deliciarum et magnificentiæ in vita sump-
tuosa magister.* Diod., pag. 54.

(2) Voyez ci-avant page 24.

on l'attribue au Nil : on prétend qu'il provient
du limon que le cours rapide de cette rivière y
a déposé. Cette assertion n'est appuyée d'aucune
preuve , ni d'aucune trace sensible : la vérité est que
l'Egypte a été rehaussée par le génie des hommes ;
il a fallu de l'art, de l'industrie , et des travaux
herculéens pour rendre habitable le territoire du
Bas-Nil , comme il en a fallu pour le territoire
du Bas-Rhin.

En contemplant les ouvrages hydrauliques exé-
cutés en Hollande par les *Saxons*, et en décou-
vrant une célèbre colonie de ces mêmes Saxons
à l'embouchure du Nil sous le nom gaulois de
Saïtes, on peut moralement supposer que ce ne
fût qu'à ces industrieux artistes que l'Egypte a
été redevable de son bonheur.

Diodore de Sicile observe avec raison que
l'histoire d'Egypte est extraordinairement obscure
et embrouillée ; les principales difficultés naissent
du style mystique qui règne dans la plupart des
monumens, soit historiques , soit littéraires, qui en
donnent des notices, et de ce qu'on a oublié les
rapports de l'Egypte avec les Atlantes ses fondateurs. Du moment où l'on est armé du fil qui
lie ces faits , on marche avec sûreté dans ce dédale de mystères.

Les Atlantes , devenus assez experts dans l'art
nautique pour entreprendre de longues courses
sur mer , ont cherché à étendre leur commerce,
et à former des établissemens dans la Méditer-

ranée, comme leurs descendans sont encore de nos jours dans les mers les plus éloignées. Nous avons vu qu'ils ont donné le nom de GAT, *porte*, au détroit par lequel ils sont entrés dans la Méditerranée ; les noms d'Ethiopie, d'Afrique, d'Espagne, de Sicile, appartiennent tous à leur langue et à leur géographie. Ils ont nommé *Barbarie* la côte *sablonneuse* d'Afrique, pour dire *terre toute nue* ; et *Lybie* l'autre partie, qui est un pays fertile et charmant ; LIEB en teuton signifie *charmant*, *aimable*.

Parmi les colonies qu'ils ont établies dans les îles de la Méditerranée, celle de Crète offre le plus grand intérêt par ses relations avec la patrie des Atlantes ; c'est là où les Bardes *idéens* de la *Longobardorum* IDA (1), située sur le *Littus Saxonicum*, dans l'empire des Cimbres, ont fondé le culte de Jupiter sur une *montagne*, à laquelle ils ont donné, pour cette raison, le nom d'*Ida*.

Crète, nom de l'île, équivaut en gaulois à KIM, *cime*. *Crète* de montagne, et *cime* de montagne sont synonymes ; ainsi île des *Crétois* veut dire île des *Cimbres*. Si on se rappelle ce que nous avons dit au chapitre de l'itinéraire d'Ulysse, sur le port *Ida* de Flandre, et sur *Thorhout*, lieu consacré au dieu *Thor* (2), et siége de l'empire des *Cimbres*, nous y trouverons exactement le

---

(1) Voyez tome I. page 192.
(2) Voyez tome I. page 196.

type de tout ce qu'on débite sur la naissance et l'éducation de Jupiter en Crète.

C'est de l'île de Crète que les Dieux, ou les savans Atlantes se sont enfuis en Egypte ; ou ne s'attend certainement pas, après le tableau qu'on vient de tracer de la Basse-Egypte, qu'ils se seront arrêtés dans cette terre. Ils ont remonté le Nil jusque dans la Haute-Egypte ; c'est là où ils ont pris terre, et fondé la capitale de leur colonie ; cette capitale, c'est la fameuse *Thèbes* (1), ville que Diodore appelle la plus heureuse de l'univers. Son nom rappelle le mariage d'Hercule avec *Hébé*, mariage qui est l'emblème de l'origine de la navigation. C'est comme si on avoit dit ville des *marins*, ou ville consacrée au *commerce*. Nos pieux fugitifs n'ont pas manqué de la mettre sous la protection de leur grand dieu Jupiter, ce qui a fait dire à Diodore que les Egyptiens appeloient cette ville *Diospolis*, et les Grecs *Thèbes* (2).

Le même auteur rapporte que les Thébains se flattoient d'être les plus anciens hommes de la terre ; ils avoient droit de prétendre ce titre, comme descendans du plus ancien peuple. Dénis,

____

(1) Et ut vero dicatur urbem illam (Thebas) non tantum Ægyptiarum sed aliarum omnium beatissimam effecisse. Diod. Sic. , cap. 2, pag. 55.

(2) Magnam illam urbem extruxerit quam Ægyptii *solis* *civitatem*, (le grec dit *Jovis*), græci *Thebas* nuncupant. Diod. Sic. , cap. 2, pag. 61.

dans sa cosmographie *f.* 248, donne à la ville de Thèbes l'épithète d'*Ogygie :* son commentateur dit que ce mot signifie *ancien*, ANTIQUUS. Nous avons déjà trouvé l'île d'*Ogygie* dans la mer Atlantique ; c'étoit le domaine de Calypso, fille d'*Atlas*, c'est-à-dire une filiation des Atlantes. Il ajoute qu'ils s'attribuoient aussi l'invention de la philosophie et de *l'exacte astronomie ;* ceci met en évidence qu'il faut entendre par les *animaux* dont les Dieux avoient pris la forme pour se rendre en Egypte, les animaux de la sphère céleste, emblèmes de la philosophie et de la science des astres ; cette prétention n'étoit pas déplacée dans la bouche de ces savans Atlantes.

La ville de Thèbes avoit, dit-on, cent portes, et étoit, pour cette raison, appelée *HECCATON PYLOS.* On auroit sûrement tort de prendre cette expression à la lettre ; une ville à *cent portes* seroit l'ouvrage de la folie plutôt que celui de la sagesse. Mais il ne faut pas aussi la traiter de mensonge. L'expression de ville à cent portes est une figure hyperbolique ; elle veut indiquer une ville *ouverte à tous les peuples,* une espèce de *port franc,* un entrepôt public, ou ville de commerce ; telle étoit la ville de Thèbes, et c'est à ces sages vues qu'elle a été redevable de ses immenses richesses, et de la splendeur de ses superbes monumens, dont les auteurs font une si pompeuse description.

Thèbes est le premier établissement que les

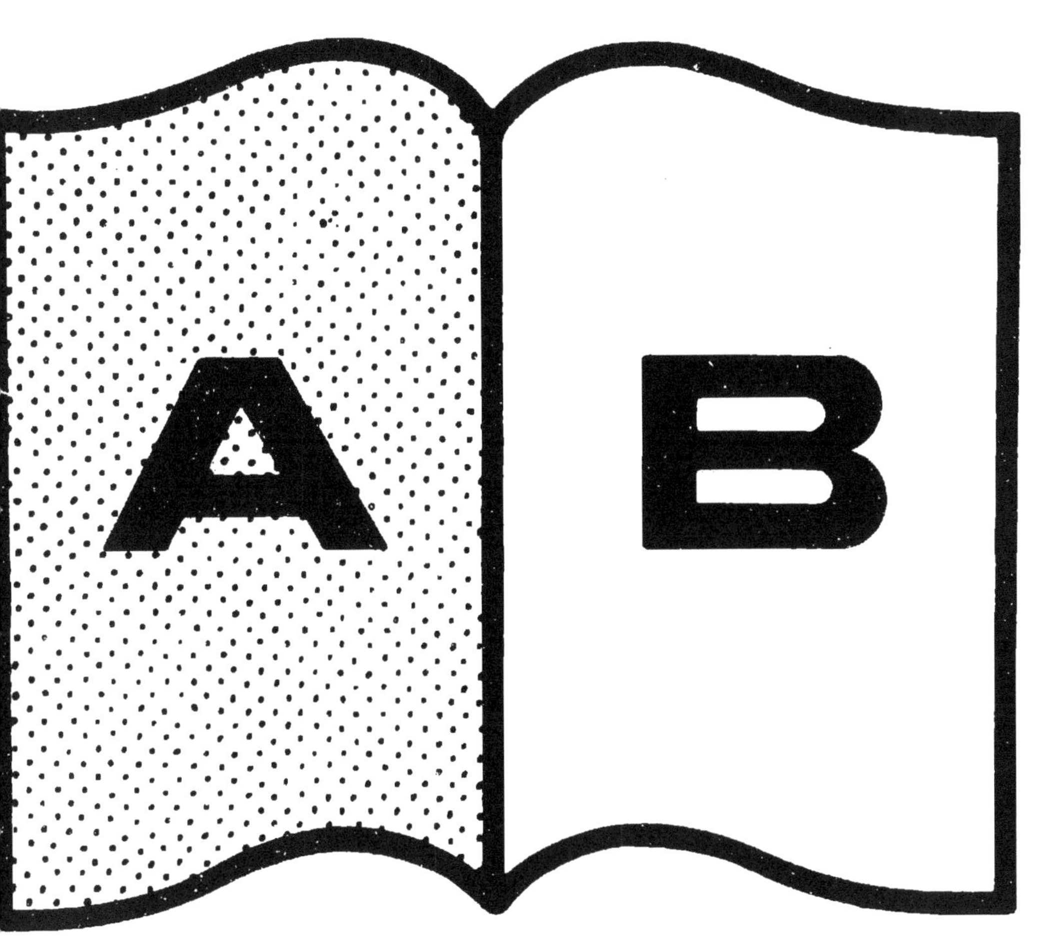

Contraste insuffisant

NF Z 43-120-14

Atlantes ont eu dans l'Egypte (1) ; c'est de là qu'ils ont envoyé différentes colonies dans d'autres régions de la terre ; c'est de Thèbes que sont partis les fondateurs des oracles de Dodone en Epire, et de Jupiter-Ammon en Lybie, dont Hérodote nous a conservé la tradition sous la fable de deux colombes, dont il a été parlé plus haut (1).

Ceux parmi les Atlantes qui se consacroient particulièrement au commerce, et qu'on distinguoit, pour cette raison, par le nom de *Phéniciens, commerçans*, toujours avides de chercher des pays propres à leurs vues, se sont de là répandus dans l'Arabie, et ont formé des établissemens sur les bords de la mer Rouge. C'est de cette mer, comme rapporte Hérodote au commencement de son histoire, qu'ils sont venus s'établir en Syrie sur les rives de la Méditerranée. Cela nous procure l'occasion de dire quelques mots sur la nation des Arabes. Les Musulmans, dont le mot *mans* se rapporte au nord de l'Europe, ont été aussi les disciples des Atlantes, on peut les compter parmi ceux qui, sous plusieurs rapports, sont restés les plus fidèles à la doctrine de leurs maîtres.

Des Arabes : du Croissant, et de Diane.

Les Atlantes portoient par-tout leurs usages,

____

(1) Les Thébains sont les plus anciens peuples qui aient cultivé la philosophie et l'astronomie. Diod. Sicul., lib. II. cap. 2. p. 67.

leur culte, le trésor de leurs sciences et les différens noms de leur patrie. En se fixant dans l'Arabie ils donnerent à la mer du pays le nom des mers qui baignent leur pays, ils l'appellerent *atlantique* et *rouge* (1), et ils appellerent heureuse, *Arabia felix*, la belle partie de cette région, ce qui veut dire *Arabie gauloise*. Diodore de Sicile, qui dit que la *patrie des Atlantes* étoit un PAYS HEUREUX, *eüdaimón* en grec, donne la même épithète *eüdaimón*, FELIX, à l'Arabie *heureuse*.

Les Arabes cultiverent avec succès la science des astres, on ne doit pas demander la source où ils l'avoient puisée; lorsqu'on fait attention au nom qu'ils donnent à la *première constellation* du ciel, à ce premier signe du zodiaque, qui est placé au centre du firmament; et qui est le point de départ de l'astre *des saisons*. Ils l'appellent *hamel* (2), c'est précisément le nom que les belges donnent au même signe.

---

(1) Hérodote assure que l'Océan, au delà des colonnes d'Hercule, s'appelle *Atlantique* et *Rouge*; l'*Achéron*, comme nous l'avons vu, étoit nommé AUREUS. *Mare quod græci pernavigant, et id quod extra columnas est*, Atlanticum *dictum et* Rubrum, *idem est mare*. Hérod., pag. 84.

On peut voir dans Strabon, vol. II, pag. 566, les raisons concluantes qu'il allègue sur l'origine de l'épithète *rouge* qu'on donne à cette mer. La vraie raison est que le peuple atlantique étoit appelé *roux* ou *rouge*.

(2) Le mot arabe est *elhamel*, ou *albamel*; *el* ou *al* en arabe est l'article *le*. ELHAMEL est *le hamel*.

S'ils ont conservé le nom du *premier* signe du zodiaque, ils ont conservé aussi la pieuse institution figurée par le *dernier* signe, c'est leur *Ramazan* ou Carême, nous en traiterons à l'article du signe des poissons.

Les Musulmans manifestent particulièrement leur fidélité et leur attachement à l'ancien culte par l'observation du système hebdomadaire. Dans le calendrier arabe (1) le premier jour est le *samedi* et le dernier le *vendredi*, c'est exactement l'ordre établi dans la création de la semaine ; mais ce qui prouve d'une manière frappante qu'ils avoient aussi saisi le but et l'esprit de cette divine institution, ce sont les armes de l'empire Ottoman. Dans le système primitif hebdomadaire le *sixième* jour sous le nom de THORS-DAG, *jour du dieu Thor*, DIES JOVIS, étoit consacré au *culte*; c'est ce jour sacré qui est indiqué par l'étendart de leur pro-

---

(1) Le mot *almanach*, qu'on croit arabe, est formé du teuton *mane*, lune. *Almanach* ou *le manach*, puisqu'en arabe *el* est notre article *le*, veut dire, supputation du temps par *lunes* ; et c'est ainsi que les arabes comptent encore aujourd'hui.

Le mot *alcoran* ou *le coran* est également teuton. *Coran* est le même que notre mot *keure*, loi ; *cora*, dans les loix saliques, signifie *loi* ; de là *curia*, cour. Les palais des rois sont nommés COURS, *curiæ*, parce que c'étoient les sanctuaires dont émanoient les loix. Le coran des musulmans est le recueil de leurs loix.

phéte Mahomet ; le *Croissant* est la nouvelle lune avancée à son *sixième* jour (1), c'est l'emblême de leur croyance et de leur culte ; l'image d'un croissant équivaloit à la devise *pro aris et focis*. C'étoit annoncer aux soldats qu'ils combattoient pour leurs foyers et leurs autels. C'étoit au sixième jour de la *néoménie* que pendant la nuit, les druides célébroient leurs mystères.

Cette explication nous donne celle de la nature de *Diane* ; son croissant ne veut pas dire qu'elle est l'emblême de la *lune* : si on avoit eu en vue cette idée on lui auroit donné, pour attribut, une lune dans toute sa splendeur, une *pleine lune*. Diane n'est pas plus la lune, que son frère Apollon n'est le soleil. Celui-ci est le soleil *moral* (2), Diane est la lune *morale*. Apollon est l'emblême de l'*ordre sacerdotal*, et des fêtes de *recréation* ; Diane est l'emblême des vierges consacrées à la piété, au culte, et aux cérémonies *religieuses*. Son croissant indique le *sixième jour de la néoménie* comme jour consacré aux exercices du culte. Apollon son frère est l'emblême des festins qui suivoient les actes de dévotion : cela nous fait comprendre pourquoi on a soin de nous avertir que Diane étoit l'ainée, et qu'Apollon est né le septième jour de la semaine.

______

(1) Sexta luna quæ nondum est sui dimidia. Plinius, p. 288.
(2) Voyez tome I. p. 103.

Son nom *Diane* vient du verbe DIENEN , *servir ;* GOD DIENEN , c'est *servir Dieu* , GODS-DIENST , *service divin.* de là le mot *Dios* génitif de Jupiter ; Diane est la prêtresse de *Dios.*

On voit maintenant pourquoi on fait errer dans les forêts *Diane* avec les vierges sacrées et ses nymphes. C'étoit dans la solitude des bois qu'on célébroit le culte. On découvre également le mystère de ses bains ; les purifications étoient des besoins préparatoires aux exercices de piété ; on exigeoit la pureté du corps pour parvenir à la pureté de l'ame. La déesse Circé chez qui l'on célébroit le *septième jour* de la semaine est appelée par Homère *pulchricoma* , EUPLOKAMOS ; *déesse à belle coiffure* ; épithète morale pour apprendre aux fidèles qu'il convient de se mettre dans un costume propre et décent, les jours consacrés à la religion et aux fêtes.

Après l'explication que nous venons de donner de l'arc et des flèches d'Apollon , il ne reste rien à dire sur l'arc et les flèches de Diane ; le sens mystique est le même. Diane , sous ses rapports avec le culte, étoit l'emblème de la *course lunaire ;* c'est sur les révolutions de la lune qu'étoit réglé le calendrier sacré , ou l'ordre des fêtes religieuses. Revenons à l'Égypte.

HAM premier nom de l'Egypte ; lac dit MŒRIS.

Après le séjour de plusieurs rois à Thèbes,

on a songé à étendre l'empire vers la mer et dans la basse Egypte. Il se présentoit pour asseoir une ville un endroit charmant au point où le Nil se partage en différentes branches et forme avec la côte de la mer une espèce de triangle ou de D grec (delta). Le roi Ogdous a fait choix de cette place pour y fonder Memphis, que quelques-uns placent au premier, d'autres au second rang parmi les villes de l'univers.

Pour mettre cette nouvelle capitale à l'abri des eaux, il fallut construire de grandes digues, et creuser un lac d'une étendue et d'une profondeur extraordinaires, pour recevoir les eaux qui devenoient nuisibles.

Tant que l'Egypte fut trop basse pour être labourée, sa plaine arrosée par les eaux fécondes du Nil devoit quelque temps après leur retraite devenir et présenter à l'œil une superbe *prairie*; c'est ce qui a engagé les Saxons-Atlantes, qui créoient toujours des noms analogues à la propriété des choses, à l'appeler *ham*. St. Jérome le plus érudit des pères de l'église, nous apprend cette denomination (1):

____

(1) Frequenter septuaginta interpretes non valentes HETH, litteram, quæ duplicem aspirationem sonat, in græcum sermonem vertere, chi græcam litteram addiderunt . . . nos docerent ejusmodi vocabula aspirari debere, ... in præsenti loco CHAM transtulerunt pro eo quod est HAM,

or *ham* signifie *prairie* (1) : c'est de *ham* que vient *hammel*, BÉLIER, nourrisson de la prairie ; c'est de *ham* que vient le mot *amman*, ou *ammon*, si connu dans l'antiquité et dans nos usages modernes. *Hamman*, ou *amman* veut dire *homme de la prairie*, c'est-à-dire pasteur ou gouvernant du troupeau. Il est devenu dans notre économie politique le titre des chefs de la police ; l'ancien préteur de la ville de Bruxelles s'appeloit *amman*. On sait que le premier magistrat de la république helvétienne porte le titre de *land-amman*, AMMAN du pays. *Ammon*, comme on le verra plus tard, est le même ; il a donné lieu à la dénomination des *ammonians*, peuples dont Bruiant dans son *ancient mythology*, a fait les héros de son système.

L'oracle de Libye étoit appellé oracle de Jupiter *ammon*, et quelquefois oracle de Jupiter *hammel*. Ce dieu y étoit représenté sous la figure d'un *belier* avec des cornes. C'étoit le symbole du pasteur suprême de l'ancienne église.

Les habitans ne devoient voir qu'avec peine que leur pays si heureusement situé ne produi_

à quo et *Ægyptus* usque hodie egyptiorum lingua HAM dicitur. St. Jérôme, cité par Goropius Becanus, pag. 407.

(1) HAMME, HAM ; flandricè *pratum*, *pascuum*. Killan., hoc verbo. Et in notis : HAM, pratum ; ab HAM pro pascuo dicitur HAMBURG, et plures urbes. HAM, *pratum*, *pascuum*. Ten Kate, tom. 2. p. 644.

soit de nourriture que pour les bestiaux. Résolus de tout tenter pour le rendre agricole et utile aux hommes, ils ont conçu le projet le plus vaste, le plus hardi, le plus difficile et le plus utile, qui soit jamais entré dans la tête des hommes. Ce plan étoit de sacrifier par des travaux immenses une grande partie du terrain pour faire valoir l'autre.

Pour exécuter un pareil plan, pour changer cette vaste prairie en champ labourable, il n'y avoit pas d'autre moyen que de rehausser son sol, mais où trouver une masse suffisante de terres pour élever de quelques pieds une région presqu'entière? il n'y a rien d'impossible à un gouvernement sage, juste, et religieux, qui n'a en vue que le bonheur du peuple. Ceux qui attribuent les prodiges d'Egypte à la voix du despotisme, ou à des projets de vanité, d'orgueil et d'ostentation, sont bien loin de connoître la marche ordinaire des choses et la nature de l'esprit humain. Pour se procurer cette énorme quantité de terres on a entrepris de la tirer du sein de cette terre même. On creusa un lac d'une profondeur et d'une étendue prodigieuses; et au moyen de l'immense amas de terre qui en provenoit, on parvint à mettre les parties basses au niveau des terres labourables, et à rehausser les bords du nil pour empêcher les débordemens hors de saison.

On s'attend bien que par ce lac on veut désigner le fameux lac connu sous le nom de *Mœris*, qui a passé à juste titre pour une merveille du monde. Hérodote qui a été sur les lieux, qui les a vus et examinés, est le premier qui nous en donne des détails. Il assure que le circuit de ce lac étoit aussi étendu que toute la côte maritime de l'Egypte (1) ; les endroits les plus bas avoient trois cent pieds de profondeur. Au milieu s'élevoient deux pyramides à trois cent pieds au-dessus des eaux ; elles s'abaissoient aussi jusqu'à trois cent pieds au-dessous. Chacune portoit une figure colossale posée sur un trône.

Hérodote a été justement persuadé que ce lac, malgré sa prodigieuse grandeur, a été entièrement creusé de main d'hommes. Il se fonde tant sur la construction de ces deux pyramides au centre des *eaux*, que sur la nature du terrain ; il a observé que c'étoit un endroit foncièrement sec et aride, qui n'avoit pas d'autre eau que celle qui lui venoit de sa communication avec le Nil.

Jugeons d'après ce tableau de l'énorme masse de terres, qui devoit être provenue d'une pareille excavation. Cette idée a frappé Hérodote, qui ne trouvant pas sur les lieux des traces du re-

____

(1) Le Journal du Commerce du 8. Janvier 1805, dit que le Mœris avoit 75 lieues de circonférence, et qu'il en a encore 50.

jet ou du depôt de ces terres , questionna les habitans pour apprendre ce qu'on en avoit fait. On lui répondit qu'elle avoit été portée ailleurs.

On peut s'étonner de voir Hérodote faire cette question après les observations qu'il avoit déjà faites sur l'élévation artificielle du territoire d'E-gypte , et qui avec un peu de réflexion et de raisonnement devoient lui fournir la solution du problème. Il avoit remarqué avec justesse que le terrain de la basse Égypte , et nommément celui qu'on cultivoit, étoit rehaussé par des causes accidentelles. Entendons-le lui-même raconter ces particularités :

» Celui qui verra ces lieux , dit-il , sans avoir » jamais ouï dire ce qu'ils étoient autrefois , ju-» gera facilement que l'Egypte , où voyagent les » grecs , s'est *élevée à la hauteur* où on la voit » par un *accroissement* qui s'y est fait, et que la » *terre qu'on y cultive* , aussi bien que toute la » terre qui est au delà du lac (Mœris) jusqu'à » *trois journées de chemin*, sont un présent de la » rivière. »

Après une observation de cette nature , Hérodote ne devoit-il pas attribuer à l'excavation du lac Mœris , et nullement à de prétendues alluvions du Nil , le rehaussement du territoire d'Egypte ?

Le lac Mœris communiquoit avec le Nil par un long canal muni des grandes écluses , qu'on ouvroit et fermoit à volonté selon les besoins. Lorsque les eaux étoient trop abondantes, on les faisoit couler dans le lac; et lorsque la crue du Nil étoit foible, on tiroit du lac, par des saignées et des coupures, les eaux nécessaires pour les répandre et les faire circuler dans les endroits les plus éloignés. C'est ainsi qu'on économisoit les eaux, et qu'on remédioit aux inégalités des inondations.

Outre les aqueducs ordinaires d'irrigation, dans lesquels l'eau couloit naturellement, on faisoit aussi usage de machines hydrauliques pour porter les eaux dans les endroits élevés. On se servoit des pompes à vis qu'on faisoit tourner par des bœufs ou des esclaves. Diodore de Sicile fait mention d'une machine appelée *Cochlea Ægyptia*; on sait que cette espèce de pompe est d'un usage journalier dans notre pays, on l'appelle SLECKE, *limace*, à cause de la ressemblance qu'elle a avec la coquille d'un limaçon.

Un autre avantage infiniment important du *Mœris*, c'étoit de procurer à l'Egypte une provision immense de poissons; le produit de la pêche étoit une des principales branches des revenus de l'état. Le gouvernement égyptien se proposoit toujours plus d'un objet d'utilité publique dans les grandes entreprises; souvenons nous aussi qu'originairement les Atlantes étoient des pêcheurs. On reconnoîtra bientôt ses hautes vues dans la construction des pyramides.

Diodore et d'autres attribuent le creusement du lac à un roi nommé *Mœris*, qui a regné sur 12 générations après le fondateur de Memphis ; et on prétend que c'est du nom de ce monarque que ce lac a reçu le sien. Ce sont là, ce qu'on appelle, des étymologies à la grecque : le roi qui a ordonné ce prodige, n'a pas donné son nom au lac, mais il a lui-même pris le nom du lac comme un titre, ou surnom emblématique d'un ouvrage si propre à illustrer son règne. Mœris est le nom de l'ouvrage : *meer*, *moer*, *meir*, *mar*, *mor*, dans la langue des *saïtes* qui l'ont exécuté, signifie *lac* ; ce nom est très-commun dans la belgique ; souvenons-nous que la patrie des *Saxons* portoit le nom de *Morinie*, mot que plusieurs écrivains font dériver de la quantité de MŒRES, *lacs*, qui couvroient ce pays. Il existe un lac très-connu dans la Hollande sous le nom de *meer*, c'est le lac d'*Harlem*, HARLEMMER - MEER. Le changement survenu dans le physique du pays par l'excavation du *Mœris* a donné lieu à changer *ham*, nom du pays, en celui d'*Egypte*.

Origine du nom Egypte (1).

Du moment où le pays par le rehaussemen

---

(1) Les Turcs appellent l'Egypte *Elkebiis* ; ce qui veut

de son sol étoit converti en campagne agricole, il ne pouvoit plus être question de l'appeler HAM, *prairie*; ce nom devenoit impropre. On prit donc le parti de lui en substituer un autre, et tel que, selon l'esprit qui régnoit dans la nomenclature des Saxons, il exprimât cette heureuse métamorphose, ce nom est *Egypte*, ou comme il doit être écrit *Ægupte*. Il signifie mot à mot *terre marécageuse élevée*; il est composé de *ea*, ou par diphtongue *æ*, ou *eage*, qui signifie *eau* ou *terre aquatique marécageuse*, et de *gehubt* par contraction *ghubt*, participe passif du verbe teuton HEBEN, *lever*, *élever* (1); de sorte que *æghubt*, dont les grecs ont fait *æguptos*, signifie *terre marécageuse élevée*, ou *terre sauvée des eaux*.

Une circonstance qui ne laisse pas de doute sur cette étymologie, c'est que le nom d'*Egypte* ne fut pas donné d'abord à la région entière, mais seulement à cette partie qui avoit été rendue *habitable*, et *labourable*. Cette vérité est attestée en termes formels par Strabon : «Les anciens,

---

dire *terra abscondita* (*a*). Entendons par là *terre mystérieuse*. Kircher, Œdipus Ægypt. pag. 3.

(*a*) Ce terme *terra abscondita* est le même que *Holland* ou *verbalen* land. Il rappelle le pays, auquel l'Egypte doit sa fondation.

(1) C'est de HEBEN, *élever*, que procède le mot EBB, *reflux de la mer*. C'est alors que la mer est élevée.

» dit-il , ont appelé *Egypte* le seul canton qui
» est *habité* et *arrosé par le Nil* depuis Sienne
» jusqu'à la mer (1). »

Une autre particularité qui fait voir d'une manière frappante qu'on employoit le nom *Egypte*
dans le sens qu'on vient de lui donner , c'est
qu'on l'a appliqué autrefois au Nil même pour
une cause du même genre , c'est-à-dire parce
qu'on avoit élevé ses bords et ses digues pour
empêcher des inondations nuisibles. Diodore de
Sicile nous rend compte de cette anecdote ;
l'auteur , après avoir parlé d'un terrible débordement arrivé du temps de Promethée , dit que
les eaux ayant rompu les digues et inondé une
grande partie du pays , on donna au Nil pour
cette raison le nom d'*aigle* , AQUILA ; mais le
dommage ayant été réparé , les ouvertures fer-
mées , les bords et les digues convenablement
relevés , on l'appella dans la suite *Ægypte* (2).

Les ouvrages , qui ont donné lieu à ce changement de nom , doivent avoir été d'une exécution
extrêmement difficile ; on voit aussi qu'ils ont
été dirigés par les *saïtes* , puisque Diodore les
fait passer pour des ouvrages *herculéens*. Il les

---

(1) Antiqui id solum Ægyptum vocavére quod *habitatur*
et à *Nilo irrigatur*, à locis Syennæ proximis incipientes
usque ad mare. Strabon, tom. 2. p. 586.

(2) Ob eruptionem Aquila dictus , inde Ægyptus. Diod.
Sic. lib. 1. cap. 2. pag. 25.

attribue à ce héros, comme on lui a attribué les ouvrages hydrauliques de la Hollande.

Il ne sera peut-être pas inutile de remarquer que le nom de Moyse se rapproche singulièrement tant pour le sens, que pour son origine, de celui d'*Egypte*. Thermutis, fille du Pharaon, ayant fait retirer du Nil le législateur des juifs, en l'adoptant pour fils, lui a imposé le nom de Moyse (1), terme qui en hébreu signifie un homme *sauvé des eaux*. »Il s'appelera »Moyse, dit la princesse, parce que je l'ai fait »LEVER DES EAUX, *quia de aqua TULI eum.*»

Si on avoit encore besoin d'autres lumières sur l'origine des noms *Ham* et *Egypte*, on pourroit les trouver dans le nom *Gessen* que portoit un canton de l'Egypte, au temps du patriarche Joseph.

D'après l'idée que les livres sacrés nous en donnent, c'étoit un pays couvert de paturages, ou une vaste prairie, *ham*, et c'est ce qui détermina le Pharaon à le céder au patriarche Jacob et à sa famille, qui menoient la vie pas-

____

(1) „ *Thermutis* le nomma *Moyses*, c'est-à-dire, *sauvé des* „ *eaux*, pour marque d'un évènement si étrange, car MO „ en langue égyptienne signifie *eau*, et YSES *préservé*. „ Flave Josephe, liv. 2. chap. 5.

On peut remarquer qu'il existe un endroit nommé *Trimuthi* dans l'Ile des Bataves sur la gauche du Wahal, vis-à-vis de Batenbourg. Voyez Menson Alting, table 6. partie 2.

torale. Pays de *Gessen* veut dire *prairie* ou pays d'*herbes* ; GERS, GARS, qu'on prononce comme *ges*, *gas*, signifie *herbe*, *foin* ; c'est de *gessen* ; *gassen* qu'on a formé le mot *gazons*.

Si le temps a effacé le souvenir de l'origine et du but d'un monument aussi précieux que celui du Mœris, il n'est pas étonnant qu'il ait également obscurci le souvenir de la haute sagesse qui a présidé à la construction des pyramides, sur tout de la grande près de Memphis, qui bien plus par les différens genres de son utilité publique, que par sa grandeur, sa solidité, et sa magnificence, a mérité de passer pour une des merveilles du monde.

Des Pyramides.

On est communément dans l'opinion que le but de la construction des pyramides a été de les consacrer à la sépulture des rois. Hérodote dit (pag. 137) que le roi Chéopès, qui fit élever les pyramides, se proposoit d'y ériger son tombeau. Strabon donne aux pyramides le nom de SÉPULTURES DES ROIS, *regum sepulturæ*. Il est cependant vrai que ni Hérodote, ni Strabon, qui ont visité et examiné les pyramides, n'ont apperçu aucun de ces prétendus tombeaux. Strabon raconte simplement qu'il se trouvoit dans la grande pyramide, une descente qui conduisoit à un sépulcre, *ad sepulturam*, encore n'a-t-il pas vu ce sépulcre. Il veut sans doute parler d'une pierre sépulcrale de la hauteur et de la largeur de trois pieds sur un peu plus de six pieds de longueur , qu'on y a déterrée dans la suite , et dont Paul Lucas fait mention dans ses voyages : encore la fosse, que cette pierre couvroit , étoit-elle vuide.

Diodore de Sicile , quoique prévenu de l'idée que les pyramides étoient destinées à des sépultures royales , est cependant forcé de convenir qu'il n'y a jamais eu de roi qui y ait été inhumé (1).

Pline, après avoir passé en revue tous les anciens qui avoient traité des pyramides , ne dit pas quelles étoient destinées à servir de sépultures royales : mais il a donné dans une autre erreur ; il regardoit les pyramides comme une folle ostentation de l'opulence des rois (2).

Cette opinion ne s'accorde pas avec l'idée que toute l'antiquité nous donne de la sagesse du gouvernement d'Egypte. Nul peuple n'a été plus jaloux de l'égalité que la mort met entre le sceptre et la houlette. Chez eux, comme on l'a vu (3), les rois , après leur mort , étoient jugés

----

(1) Verum nullus ex iis qui eas sibi pyramides in sepulcra condidere, rex in illis sepultus est. Diod. Sic., lib. 2. cap 2 p. 84.

(2) Regum pecuniæ otiosa ac stulta ostentatio. Justissimo casu obliteratis tantæ vanitatis auctoribus. Plin., pag. 641.

(3) Au présent volume, p. 53.

comme de simples particuliers. On leur avoit construit des tombeaux près de Thèbes, non fastueux, mais décens ; travaillés avec art et d'une forme qui, selon Strabon, leur donnoit un aspect intéressant.

D'autres étoient placés dans les caves du labyrinthe, et pour preuve qu'il n'entroit pas dans l'esprit de la nation d'en faire des monumens d'ostentation, c'est qu'on défendoit de les faire voir aux étrangers. Hérodote assure qu'on lui refusa l'entrée des souterrains par la raison même qu'on y avoit enterré les rois, auteurs de la construction du labyrinthe (1).

Il est très-croyable que les rois qui ont entrepris et fait exécuter ces précieux ouvrages, ont eu le dessein d'y placer leurs tombeaux, pour transmettre par ce monument la mémoire de leur nom à la postérité, et pour indiquer l'*époque* de leur construction. C'est sans doute dans ces vues que le roi qui avoit fait creuser le Mœris, et qui avoit fait poser les deux pyramides au milieu des eaux, s'y étoit réservé un tombeau pour lui et son épouse. On peut raisonnablement supposer que le roi Cheopes, dont nous venons de parler, a eu la même intention, et

____

(1) Præpositi Ægyptiorum nolebant ullo pacto illa monstrare (domicilia subterranea) quod dicerent illic sepulcra esse eorum regum qui ædificandi labyrinthi fuere autores. Hérod., p. 147.

que la pierre sépulcrale, qu'on a découverte dans la grande pyramide, avoit été destinée à la même fin ; mais ne croyons pas que par esprit d'orgueil ils aient bâti exprès ces immenses édifices pour servir de décoration au foible et triste dépôt de leurs dépouilles mortelles. (1).

Voilà à quoi se réduit cette fausse opinion si généralement répandue, et qui donne pour des sépultures royales, des bâtimens où jamais roi n'a été enterré.

Une chose qui démontre que du temps des auteurs, qu'on vient de citer, on avoit perdu toute idée de la destination primitive des pyramides, c'est qu'aucun d'eux ne fait mention d'une particularité infiniment intéressante que les modernes ont aperçu dans le plan de leur construction. Chazelles, membre de l'académie des sciences de Paris, en mesurant (en 1692) la grande pyramide, trouva que ses quatre côtés étoient directement exposés aux quatre points cardinaux du globe.

Ils ne disent rien aussi d'une autre circonstance qui cependant étoit connue du temps d'Am-

---

(1) *Bossuet*, dans son *Discours sur l'histoire universelle*, *part.* 3. après avoir beaucoup exalté la magnificence des pyramides, dit : " Quelqu'effort que fassent les hommes, leur
" néant paroît partout, ces pyramides étoient des tombeaux.
" Encore ces rois qui les ont bâties, n'ont-ils pas eu le
" pouvoir d'y être inhumés, et ils n'ont pu jouir de leur
" sépulture. „

mien Marcellin. Cet auteur fait remarquer que les pyramides étoient construites sur des proportions d'après lesquelles, durant le solstice d'été, elles cessoient de rendre de l'ombre (1).

N'attribuons point aux jeux du hasard un plan de cette nature, il ne peut appartenir qu'à une conception sublime, et à des vues très-utiles. On en peut conclure d'abord, qu'un bâtiment si bien orienté doit avoir des rapports avec la science des astres. Ce qui vient à l'appui de cette idée, c'est que la grande pyramide ne se termine pas en pointe : il existe au sommet une belle plate-forme de dix ou douze grosses pierres de la longueur de seize à dix-sept pieds sur chaque côté.

Cette plate-forme étoit très-propre à observer le ciel, pour découvrir et annoncer les nouvelles lunes ; et c'est à quoi, selon Proclus, elle avoit servi (2).

---

(1) Pyramides *turres* sunt in Ægypto, fastigiatæ ultra certitudinem omnem quæ fieri manu possit. Itaque mensuram umbrarum egressæ, nullas habent umbras. Solin., cap. 35.

(2) Au sommet de ces pyramides étoit une plate-forme, où *Proclus in Timæo* prétend que les prêtres faisoient leurs observations astronomiques. Bailly, astron. anc., pag. 177.

L'auteur réfute cette opinion, sur le fondement que cet observatoire, par son immense hauteur, auroit été trop incommode. Sans doute si la pyramide n'eût eu que cette destination, on ne l'auroit pas élevée si haut ; mais ses autres destinations demandoient une grande élévation.

Mr. De Chazelles a cru qu'on avoit eu en vue de faire servir la pyramide de Gnomon au cadran solaire, parce que, par les ombres, elle indiquoit la conversion du soleil aux solstices.

La haute tour de Bel étoit l'observatoire des astronomes chaldéens. Voilà déjà un premier service
essentiel que cette pyramide pouvait rendre à
l'Egypte.

Pendant l'inondation du Nil, qui dure près de
quatre mois, l'Egypte ressemble à une espèce de
mer. On l'a comparée à la mer Égée, parce que,
durant ce déluge, les villes et les habitations de
la campagne s'élèvent au-dessus des eaux comme
des îles. Dans un pareil état de choses, une pyramide grande et élevée, qu'on peut apercevoir
de loin, doit naturellement être d'un grand secours. C'étoit un phare perpétuel durant le jour,
et avec du feu un phare nocturne. Plusieurs auteurs ont observé qu'elle étoit aperçue des
marins à une immense distance. Il est de fait que
la tour de l'église de Notre-Dame à Bruges, quoiqu'incomparablement moins haute, est d'un grand
secours pour la navigation du nord. Le gouvernement autrichien étoit tellement pénétré de cette
vérité, qu'il a défendu d'abattre les hautes tours
des églises situées à la proximité de la mer.

Développons encore un autre avantage qu'of-
froient ces monumens. On sait que l'Egypte,
tant du côté de la Syrie et de l'Arabie, que du
côté de la Lybie, est bordée de sables et de
déserts. Une région située de la sorte, est très-
sujette à être suprise par des ennemis ou par
des brigands. Le meilleur moyen pour se mettre
en garde contre ces irruptions subites et impré-

vues, étoit de poster des sentinelles au haut de cette pyramide. On y pouvoit apercevoir de loin l'approche des partis hostiles et donner l'alarme pour se mettre en défense. Les vastes appartemens de la pyramide étoient très-propres, dans des momens de troubles, à y mettre en sûreté des effets précieux, des enfans, des femmes, des vieillards. Elle étoit bâtie pour servir de forteresse (1), et ce qui est un indice irréfragable qu'elle étoit aussi consacrée à l'usage des hommes, c'est qu'on y avoit pratiqué un beau puits de quatre-vingt-six pieds de grandeur, qui communiquoit avec le Nil ; si cette pyramide n'eut été qu'un bâtiment destiné aux inhumations des rois, ce puits devenoit inutile.

Voilà déjà différens objets d'utilité publique que procuroient les pyramides, et qu'ont certainement eu en vue ceux qui en ont formé le plan; mais ce n'est pas par ces considérations que le gouvernement s'est principalement décidé à cette immense entreprise ; il a eu en vue un autre objet d'un intérêt d'autant plus grand, qu'il tenoit de plus près au salut de l'Etat, et qui se manifeste distinctement dans le sens du mot pyramide.

Ce n'est pas assez que de posséder un beau pays agricole et bien cultivé ; le sort des moissons est sujet à trop d'accidens désastreux pour qu'on puisse compter avec confiance sur un succès

____

(1) Pline, pag. 71, appelle les pyramides, TOURS, *turres.*

constant. Il ne faut d'abord qu'un vent *brûlant*, tel qu'il a eu lieu du temps du patriarche Joseph, pour ruiner entièrement la récolte. D'ailleurs, la fécondité de l'Egypte dépendoit de la régularité des débordemens du Nil ; une inondation trop forte, ou trop petite, influoit sensiblement sur la moisson, malgré toute la ressource du Mœris. Une sage prévoyance commandoit donc de prendre des précautions contre les momens de stérilité et de disette, surtout dans des temps où les relations commerciales étoient peu étendues, les communications avec l'étranger difficiles, et l'agriculture peu avancée. Chaque Etat étoit réduit à pourvoir à ses propres besoins ; l'histoire des patriarches nous apprend que le fléau de la famine s'est manifesté souvent d'une manière effrayante dans les temps antiques. Le vrai moyen de parer à cet inconvénient, c'est de conserver, pour les temps de disette, ce qu'il y a de surabondant dans les années fertiles ; tout le monde connoît l'heureux usage que Joseph a fait des greniers de l'Egypte pendant son ministère.

L'utilité des magasins de grains une fois reconnue, il devoit entrer dans l'esprit d'un gouvernement sage et paternel, de donner à ces établissemens une stabilité *sûre*. Il convenoit de mettre ces précieux entrepôts à l'abri de la cupidité des brigands, et de la fureur des ennemis. Voilà ce qui a donné lieu à l'idée de construire des greniers en forme de forteresses. Cette pre-

mière idée doit en avoir enfanté d'autres ; on a
bien senti qu'on pouvoit arranger ces bâtimens
de manière à les faire servir encore à d'autres
objets d'utilité publique , et même à la gloire et
au lustre du pays. Toutes ces combinaisons ,
auxquelles on reconnoît la sagesse d'un gouvernement , ont naturellement conduit au plan des
pyramides. De pareils édifices sont des greniers
sûrs et fortifiés , et ils réunissent en même temps
tous les autres avantages qu'on vient d'énumérer.

Comme le principal avantage et le but de la
construction étoient la conservation des grains ,
on leur a imposé un nom qui répondoit à cette
idée. Le mot *pyramides* (1) , disons *puramides* ,

---

(1) PYRAMIS, *pyramide*, est évidemment composé du grec
PYROS, *froment*, et AMIS en latin ; AMA, *vase*, *vase sacré*.
C'est ainsi que le grec PYRAMÉ, *faulx*, par une composition semblable, qui confirme celle de *pyramis*, vient de
PYROS, *froment*, et AMÉ, *faulx* qui coupe le froment, d'où
AMAÔ, *moissonner*. *Pyramis* signifie donc *vase de froment*.
En effet, on appelle encore, en Egypte, les pyramides, les
greniers de Pharaon. C'est donc le même symbole que le
boisseau conique, ou la mesure de froment qui est sur la tête
de *Sérapis*. C'est donc le symbole de l'abondance produite par le
débordement du Nil. Monumens celtiques, par Cambry, p. 309.

Junius, dict. angl.-sax., traitant de l'étymologie du mot
pyramides, dit : Quelques-uns le font dériver de PUROS, *triti-
cum*, *frumentum*; quia cum in eas rex ingentes frugum acervos
congessisset , panificiorum penuria miserrimè totam afflixit
Ægyptum. Vide Steph. de urbibus. Junius adopte cette étymologie : Eo quod *pyramis* et *puros* conveniant primæ syllabæ

pour des raisons souvent répétées , signifie *tas de grains* ; il est composé de PUROS en grec , *froment, grains* ; et de MYTE en teuton , *tas, amas* ; de sorte que PUREMYTEN veut dire à la lettre *amas de grains*, ou bâtimens destinés à renfermer les récoltes.

On fait dériver communément ce mot, non du grec PUROS , mais du grec PUR, qui signifie *feu*, parce que , dit-on , les puramides s'élèvent à l'instar des flammes. Mais indépendamment de ce que cette comparaison est trop forcée et paroît même frivole, que faire dans ce cas de la terminaison *mide* ?

C'est le défaut presque général des étymologistes, lorsqu'ils trouvent dans les noms quelque apparence de ce qu'ils cherchent, ils se tiennent à une partie du mot, et ne se soucient pas plus du reste que s'il n'existoit pas. Nous serons plus d'une fois dans le cas de devoir relever des méprises de cette espèce.

---

modulo ; ab hoc interim puramis videri quoque possunt Cymræi desumpsisse vocem *bera*, acervus tritici vel fœni. Huc facit illud Collumellæ, lib. 2, de re rustica, cap. 19. Certé quidquid ad eum modum quo debet, siccatum erit, in *metas*, *myten*, exstrui conveniet, easque ipsas in acutissimos vertices exacui. Sic enim fœnum commodissimè defenditur a pluviis, *Myte*, *meta*, strues in altum. Kilian, dict. hoc verbo.

AMAÒ signifie *meto*, AMÉTOS *messis*, AMÉTOR *messor*, AMÉ *falx messoria*. Ces mots viennent de MAEYEN, AF-MAEYEN, *couper les grains, etc.*

Au reste, dans la supposition que le mot py-ramides viendroit de *pur*, *feu*, il n'appartiendroit pas moins à la langue teutone. Platon avoue lui-même *in Cratilo* que *pur* est un terme étranger; c'est effectivement notre mot VUER, VIER, *feu*; les Grecs qui n'ont pas la lettre *V*, l'ont changé en *P*. On trouve une infinité de mots græco-belges dans lesquels les Grecs ont substitué aux lettres *V* ou *B*, la lettre *P* : de ce nombre est ce même mot PUROS, dont nous faisons dériver *puramides*. La racine teutone est dans BER, BIER, BUER, BUR, tous termes analogues à la matière du froment; les Grecs en ont fait PUR, en y ajoutant leur terminaison favorite *os*.

BER, en vieux flamand, signifie *froment*; il est encore en usage dans le composé BERLEGGER, *courtier de grains*, et BERLEGGERS-MAETE, *mesure des courtiers de grains*. C'est la mesure primitive des mesureurs de grains.

BIER, *bierre*, mot si approchant de BER, avoit probablement la même signification, ou du moins il a la même origine, puisqu'il veut dire une boisson composée de grains.

BUER en anglo-saxon, BOER en flamand, en y sous-entendant le mot MAN, BOER-MAN, veut dire cultivateur de GRAINS, *paysan*.

BUR en islandais marque un office ou garde-manger, où l'on met en *réserve* des provisions de bouche.

Quoique le mot *pur* dans sa signification de

feu, n'entre pour rien dans la composition du mot *puramides*, il a cependant des rapports essentiels avec la chose. Les pyramides, en y allumant du feu, étoient propres à servir de *phare nocturne* à la navigation de la mer d'Egypte, et aux habitans du pays durant l'inondation du Nil. *Fanal* s'appelle en teuton VUXÀ-THOREN, *tour de feu*. C'est peut être la tradition de ce fait qui aura donné lieu à l'étymologie grecque.

On raconte plusieurs particularités relatives à la grande pyramide, qui frappent par leur analogie avec le tableau qu'on vient d'en tracer, et qui en sont autant de preuves secondaires.

Dans la description que Strabon fait des pyramides, il raconte un fait dont il a été témoin, et qu'il regardoit comme un phénomène. "Nous "trouvâmes, dit-il, devant les pyramides, des "*lentilles* et des *grains pétrifiés*. (1)" Cette circonstance indique d'abord des rapports entre les pyramides et les *grains*. On débitoit, ajoute l'auteur, que c'étoient les restes des alimens fournis aux ouvriers. Cette explication n'est pas probable ; on n'aura pas déposé des alimens en plein air,

---

(1) Acervi quidam ex tritura lapidum ante pyramides jacent in quibus *lapilli* et forma, et magnitudine *lentis* inveniuntur, quidam ut *bordei grana quæ semide corticata* excurrunt. Dicunt reliquias ciborum qui operantibus supererant in lapidem induratas. Strabonis geographia, tom. II, pag. 616.

et on n'aura pas donné à manger des *grana cor- ticata* , des grains en écorce , comme les appelle Strabon ; disons plutôt que ces grains et ces lentilles auront été répandus par terre durant l'importation ou l'exportation , et qu'on aura négligé de les ramasser à cause de la grande abondance des récoltes.

La Genèse , après nous avoir donné des détails sur les premiers *greniers publics* érigés par le patriarche Joseph , rapporte que , du temps de Moïse , on forçoit en Egypte les Hébreux à de rudes travaux. Le texte fait assez voir qu'il s'agit d'ouvrages de maçonnerie ; mais il ne détermine pas leur nature. En parlant de ces constructions, quelques-uns interprètent l'hébreu par ces mots , *villes des trésors ;* la version des Septante dit villes fortes ou *forteresses ;* la Vulgate , *urbes ta- bernaculorum ;* la traduction françoise , villes pour servir de *magasins.* Un interprète estimé , nommé Vatable , prétend que c'étoient des villes destinées à mettre en *réserve le blé* , l'huile et les autres richesses territoriales du pays. Flave Josephe tranche le mot ; il compte nominativement parmi ces ouvrages , des *pyramides d'une prodigieuse hauteur.* Voilà donc l'époque de la construction des pyramides , et toutes ces différentes interprétations manifestent clairement l'idée qu'on a eue du but de leur destination primitive. Les pyramides étoient , sous différens rapports , des *magasins* , des dépôts de *trésors* , des *forteresses ,* des *réfuges*, des entrepôts de *blé* et de richesses; elles réunissoient tous ces avantages.

Une chose à laquelle on ne songeroit guères, et qui est cependant une preuve décisive que les pyramides n'ont pas été des monumens d'orgueil, ou d'ostentation, c'est qu'on avoit placé une très-grande *Sphinx* devant les trois plus considérables; la présence d'une Sphinx annonce d'une manière absolue un ouvrage d'utilité publique; toutes les énigmes des Sphinx, dans les premiers temps, ont été des leçons morales et politiques pour gouverner sagement le peuple. Si on n'en a pas cette idée, c'est qu'on a perdu le sens de leurs oracles, on a gardé le matériel; on s'y attache, sans pénétrer l'esprit de la chose. Il s'en présente un exemple sensible dans la fameuse énigme de la Sphinx de Thèbes devinée par Œdipe. Elle renfermoit en termes mystiques une leçon morale d'un intérêt supérieur en économie politique. Il ne sera pas inutile d'en donner ici quelque idée, pour qu'on puisse juger par-là de l'esprit qui règne dans les autres oracles de ce genre.

Enigme de la Sphinx de Thèbes, Œdipe, Esope, Lokman.

Il régnoit dans la Béotie une peste qui y faisoit de terribles ravages, elle devoit durer tant qu'on n'auroit pas donné le mot d'une énigme proposée par la Sphinx de sa capitale, Thèbes.

Cette énigme se réduisoit à la question suivante:

»Qui est l'animal qui a quatre pieds le matin, deux à midi, et trois le soir ?

Il étoit écrit dans les livres des destins que la peste cesseroit, et que la Sphinx perdroit la vie, du moment qu'on l'auroit devinée. Les passans qui ne réussissoient pas, étoient dévorés par le monstre. Déjà une infinité de personnes en avoient été les victimes, lorsqu'OEdipe se présenta. Celui-ci dit que cet animal étoit l'*homme*; dans son enfance, qui est le matin de sa vie, il se traine sur les pieds et les mains; sur le midi qui est son âge viril, il n'a besoin que de ses deux jambes, mais dans la vieillesse il se sert d'un bâton, comme d'un troisième pied, pour marcher : cette explication donnée, le fléau cessa, et la Sphinx alla se casser la tête contre un rocher.

On s'est contenté jusqu'ici de cette solution *matérielle*, et la curiosité n'a pas poussé plus loin ses recherches. Mais l'énigme réduite à ces termes méritoit-elle tant de célébrité ? le bon sens permet-il de croire qu'un pareil jeu de mots pouvoit avoir quelque influence sur la peste ? il faut supposer de toute nécessité que la fable cache, dans un sens allégorique, un remède efficace pour arrêter un fléau tel qu'on vouloit le désigner. C'est justement de quoi il est question ici; l'énigme renferme un avis salutaire aux Béotiens sur un défaut dans leur administration qui occasionnoit la perte d'une infinité de personnes.

Dire que l'homme dans l'enfance marche sur ses pieds et ses mains, c'est dire qu'un enfant n'est pas capable de pourvoir à sa subsistance, et que, privé de ses parens, il est en danger de périr faute de secours. Il avertit donc les magistrats de prendre soin des orphelins, et de former des établissemens convenables pour l'éducation des enfans abandonnés.

Pareillement un homme parvenu à l'âge de la vieillesse, a besoin d'assistance et c'est ce qu'on entend par le bâton, dont il est forcé de se servir; le mot STOK, *bâton*, est encore en usage dans la même acception, *stok van ouderdom* (1) est une expression triviale pour dénoter quelqu'un qu'on regarde comme le *soutien de sa vieillesse*; c'est donc aussi un devoir pour les gouvernans de venir au secours de la vieillesse indigente, et des vétérans qui ont sacrifié leur âge viril au service de l'état. Sans cette sollicitude humaine il est dans la nature des choses qu'une infinité d'enfans périroient faute d'aide et de soins, et que beaucoup de vieillards verroient le terme de leur carrière avancé par la douleur et la misère.

C'est là cette peste dont il est question dans

___

(1) STOK signifie *bâton* : OUDERDOM, *vieillesse*. STOK OUDE MAN, *un homme très-vieux*.

la fable de la Sphinx de Thèbes. Une mortalité de cette espèce est inévitable sous tout gouvernement imprévoyant, ou insouciant. Elle cesse du moment où une administration paternelle prend de sages mesures pour la prévenir.

On voit donc que cette fable est un avertissement salutaire donné au gouvernans de veiller avec sollicitude à l'entretien des enfans, et des vieillards indigens, et d'occuper utilement les hommes qui sont dans la force de l'âge ; et comme dans l'énigme il s'agit particulièrement de la Béotie, il est à croire que c'est dans cette province que les grecs ont établi leurs premières maisons pour les orphelins, pour les enfans trouvés, ou autrement abandonnés, et que c'est dans le même canton qu'on a pris des moyens efficaces pour secourir la vieillesse indigente.

Le sens de l'énigme nous donne le sens du nom donné au *devin* ; tout est lié dans les fables : les noms sont toujours analogues aux choses. Pour résoudre des problémes qui tiennent au bonheur de l'homme, il faut étudier la marche de la nature humaine, il faut être, un *observateur de l'homme*, voilà le sens du nom du devin béotien. OEdipe, *Oidipoüs* en grec, signifie mot à mot *observateur d'homme*, il est formé du verbe *oidein*, en prétérit *ioda*, OBSERVARE, et de *pous*, PIED. La fable en désignant l'homme par les termes de *quadrupes*, *bipes*, *tripes*, indique elle-même que *pous* est pris ici au figuré pour l'homme entier, *pars pro toto*. Il est désigné de la même manière dans *ANTI-POUS*, antipode. Œdipe veut donc dire *observateur d'homme*, et c'est dans cette acception qu'il est devenu le titre symbolique des devins qui donnent la solution, non d'énigmes insignifiantes, de charades, de logogryphes, mais d'énigmes morales et politiques.

Puisque *Œdipe* est un mot grec, et qu'il occupe un rang très-distingué dans la fable, il faudra pour le concilier avec notre système, en trouver le type dans la langue des Atlantes.

Ceux qui s'appliquent à faire des *apologues*, ont besoin, pour réussir, d'étudier l'homme avec la plus grande attention, ils doivent être dans toute la force du terme *observateurs des hommes*. On sait que le coryphée des fabulistes moraux est Esope ; il devoit donc être l'observateur de l'homme par *excellence* ; c'est d'après cette idée qu'on l'a appelé *Lokman*, nom fameux dans l'antiquité ; il signifie *observateur de l'homme* ; il a sa racine dans le vieux verbe LOKEN, *observer*, et MAN *homme* : LOOK, LOKE signifie encore en anglais *voir*, *observer* (1). Le nom d'*Œdipe* n'est donc qu'une traduction lit-

***

(1) L'anglo-saxon *locan*, l'anglais *loke*, notre vieux *lokin*, dit Ten Kate, volume II, pag. 286, signifient *videre*, *observare*.

térale du mot *Lokman*. Esope passe pour avoir été phrygien, on peut se rappeller ce que nous avons dit sur l'affinité de la *Phrygie* avec la *Frise*. Revenons à la Sphinx d'Egypte.

Suite sur l'Egypte.

La Thèbes de la Béotie, dont le phénicien Cadmus fut le fondateur, étoit une colonie de la Thèbes d'Egypte. Si la Sphinx de la Béotie étoit un emblème instructif en économie politique, à plus forte raison la grande Sphinx des pyramides devoit être un emblème du même genre. Il en résulte que la position de cette Sphinx devant les pyramides servoit à avertir le public de ne pas regarder ces prodiges comme des monumens d'ostentation, mais comme des établissemens de la plus grande utilité générale. Ne soyons donc pas surpris qu'on ait attribué à cette Sphinx le don des oracles. Ces prétendus oracles, sont les différentes vues d'utilité publique, qui ont donné lieu à l'érection des pyramides, vues qu'on a considérées comme des inspirations divines. Rendre des oracles c'étoit donner des conseils salutaires qu'on prenoit pour l'interprétation de la volonté céleste. Les oracles des vieux temps portent tous l'empreinte d'une extrême sagesse : ils ont en différens temps et en différens lieux opéré les plus grands biens. Bacchus ayant consulté son père Jupiter Ammon sur les espérances qu'il pourroit concevoir de ses expéditions reçut pour réponse ; »qu'en faisant du bien aux hommes il »parviendroit à l'immortalité (1).»

Voilà l'oracle de tous les oracles, la recommandation accoutumée de tous les anciens interprétes de la volonte divine ; le bien de l'humanité, la piété, la justice, étoient le but de toutes leurs réponses. l'Imposture, il est vrai, s'en est aussi mêlée, sur-tout dans l'age des ténèbres et de la corruption du culte : mais quelle est l'institution dont on n'abuse pas ?

On débitoit, dit Diodore, que la Sphinx des pyramides renfermoit et tenoit caché dans son corps le roi *Amasis* ; on vouloit faire entendre par là que ce monarque étoit l'organe des oracles de la Sphinx. Amasis, ajoute-t-on étoit de *Saïs* ; cette circonstance nous apprend qu'on étoit redevable de la construction des pyramides au génie et à la direction des *Saïtes*, ou Saxons d'Egypte, comme de tous les autres monumens du pays (2).

---

(1) Responsum a patre accepit quod benefaciendo hominibus in possessionem immortalitatis sit venturus. Diodorus Siculus, pag. 242.

(2) Ægypti regio Delta, cujus è vertice scinduntur fluenta Nili, ejus campi *Saïtica* præfecturâ nuncupatur, in quibus maxima civitas est quam *Saïn* vocant (Saïs) ubi Amasis rex fuit. Hujus urbis fundatrix Dea fuit, quam Ægyptii *Neith*, græci *Athenam* vocant. Ipsi porro homines Atheniensium amici sunt, eisque genere quodam conjunctos esse prædicant. Plato in Timæo, pag. 524.

On sentira mieux toute la force de ces interprétations, lorsqu'on parviendra à connoître la
véritable nature de la Sphinx. Cet animal, en
apparence si monstrueux, étoit l'emblême d'une
branche essentielle de l'économie politique des
Atlantes ; c'est une figure des deux signes du
zodiaque, le Lion et la Vierge réunis ; on en
traitera plus amplement dans la suite. Euripi-
de en a donné le vrai mot lorsqu'il l'a appelée
Vierge sage, *SAPIENS VIRGO*.

Il nous reste maintenant à parler d'un autre
monument d'Egypte, qui, dans l'opinion d'Hérodote et de plusieurs autres savans, passoit de
beaucoup les pyramides en magnificence. Ce
monument, c'est le Labyrinthe, que Pline appelle *portentissimum humani ingenii opus*, le chef-
d'œuvre du génie de l'homme.

Du Labyrinthe d'Egypte.

La même obscurité qui couvre l'origine du
Mœris et des pyramides, dérobe jusqu'à ce
jour aux recherches des savans l'origine et la
destination du Labyrinthe. Hérodote, auquel
nous devons les premiers détails sur ce prodigieux édifice, rapporte qu'il consistoit en douze
grandes salles qui avoient leurs portes de communication à l'opposite les unes des autres ;
six étoient placées vers le nord, les six autres vers le midi ; toutes étoient contiguës et
enfermées au dehors d'un même mur.

Indépendamment de ces douze grandes salles, que Pomponius Mela appelle des palais (regiæ), le bâtiment entier contenoit une infinité d'autres appartemens. Hérodote les porte au nombre de 3500 ; Pomponius Mela les borne à mille. Strabon assure que le nombre des grandes chambres étoit égal à celui des préfectures qui y avoient leurs assemblées. Pline rapporte que ce Labyrinthe renfermoit seize grandes pièces dont chacune portoit le nom d'une préfecture du pays. Mais le témoignage de Pline ne sauroit prévaloir contre celui d'Hérodote : le naturaliste romain n'écrivoit que sur des relations ; l'historien grec avoit été sur les lieux, et même son récit démontre qu'il avoit visité et examiné ce monument avec beaucoup d'attention. D'ailleurs le nombre seize n'est guères favorable à la tradition que Pline rapporte sur la destination du Labyrinthe ; » les opinions varient, dit-il, sur les cau- »ses qui ont donné lieu à la construction du »Labyrinthe. Demotèle croit qu'il a été bâti pour »servir de palais à Metherude. Lycias veut qu'il »ait été destiné à être la sépulture de Mœris. »Mais plusieurs écrivains prétendent que c'étoit »un monument consacré au soleil, et cette »dernière opinion ajoute Pline, a prévalu.» Le nombre de douze palais convenoit mieux à cette dernière tradition ; on pouvoit y voir le symbole des douze maisons du soleil, ou les douze signes du Zodiaque.

Hérodote attribue l'érection du Labyrinthe à douze rois, qui ont régné ensemble après la mort d'un prêtre de Vulcain qui avoit seul gouverné l'Egypte. Ces douze princes, vivant dans une grande intelligence, et sacrifiant ensemble à des époques données dans le temple de Vulcain, avoient résolu d'ériger le Labyrinthe comme un monument de leur gouvernement. Du nombre de ces douze rois étoit *Psammeticus* qui, comme le raconte Hérodote, parvint enfin par des avantures singulières à s'emparer de toute l'Egypte, et à réunir dans sa seule personne la souveraineté du pays. C'est ce *Psammeticus* qui, d'après la tradition rapportée par Pomponius Mela, a fait construire le Labyrinthe (1).

Voici comment Hérodote rapporte l'histoire de ce roi : « dans le temps que s'étoit formé le gouvernement des douze rois, dont nous venons de parler, un oracle avoit prédit que celui d'entre eux, qui se seroit servi d'un vase d'airain pour faire des libations dans le temple de Vulcain, parviendroit à régner seul sur toute l'Egypte. Un jour que selon leur coutume les douze rois s'étoient assemblés dans le temple du Dieu, le grand-prêtre présentoit par tour à chaque monarque une fiole pour faire des libations ; mais, comme par hazard, il ne se trouvoit que onze fioles, et que Psammeticus étoit placé le der-

---

(1) *Psammetichi opus labyrinthus.* Pomp. Mela, lib. 1, c. 9.

nier, celui-ci ôta son casque *d'airain* et l'employa pour faire ses libations. Les onze rois qui craignoient d'apercevoir dans cette circonstance l'accomplissement de l'oracle furent mécontens de la conduite de Psammeticus. Mais comme ils ne voyoient dans cette aventure aucun mauvais dessein, ni de la part du pontife, ni de la part de leur collègue, ils se contenterent de reléguer celui-ci dans le canton des marais de l'Egypte. » On peut voir dans Hérodote les suites de cette histoire, et les événemens merveilleux qui menerent Psammeticus sur le trône.

Il ne faut pas beaucoup d'attention pour voir que toute cette aventure n'est qu'une commémoration allégorique de quelque événement important du pays. Pour en trouver le sens il suffira de combiner avec cette narration, les lumières que Strabon nous donne sur la destination du Labyrinthe. » On prétend, dit-il, que » le Labyrinthe contient autant de grandes salles » qu'il y a de préfectures dont les chefs ont coutume de se rendre dans ces lieux. C'est dans » ces palais que des hommes *religieux* de l'un » et de l'autre sexe se ressemblent quelquefois » pour des *banquets fraternels*, et des *sacrifices* » à *Dieu*. Ces mêmes appartemens, continue-t-il, » servoient aussi de sanctuaire pour l'*administra-* » *tion de la justice* dans des affaires d'une grande » importance (1). »

____

(1) Dicunt tot aulas ibi factas esse, quot mos esset omnes

Ainsi on savoit du temps de Strabon que le Labyrinthe avoit été consacré aux exercices *de piété*, et à la *congrégation des fidèles pour des repas communs*. C'est dans ces fêtes que consistoit proprement la *communion des fidèles*, et qu'on *sacrifioit* solemnellement les alimens de la vie à l'Etre Suprême. Appliquons à cette pieuse cérémonie le nom du fondateur du Labyrinthe, et nous aurons bientôt la clé du mystère. On se souvient que le mot Psammeticus est formé du Saxon *t'samen-eten*, MANGER EN COMMUN (1); voilà le mot de l'énigme, toute cette prétendue histoire des douze rois et de l'élévation de Psammeticus au trône d'Egypte n'est qu'une tradition allégorique de l'époque où ce vaste bâtiment a été consacré aux repas religieux et qu'il est devenu le point de réunion des fidèles de la communion de l'Egypte.

Mais dira-t'on pourquoi charger cet édifice d'une si énorme masse d'appartemens accessoires? et quelle peut avoir été sur-tout la raison de rendre les communications intérieures si compliquées et l'issue du bâtiment si difficile? répondons à la première question que probablement chaque appartement principal aura eu une destination particulière pour quelque usage pu-

---

præfecturas eò convenire, atque *epulum* quoddam *sacris* viris ac mulieribus fiebat *sacrificii gratià Deo reddendi ac juris dicendi de rebus maximis*. Strabon, lib. 17. pag. 621.

(1) Voyez page 187. ci-avant.

blic ; et quant à la seconde , disons hardiment
que le plan compliqué du labyrinthe , tout bizarre qu'il paroît , n'aura pas été tracé par un
sentiment de caprice , mais par le même esprit
de sagesse et de morale qui présidoit à toutes
les grandes opérations des législateurs philosophes
d'Egypte. Sans doute l'extrème magnificence de
l'édifice a eu pour but de relever la gloire de la
nation ; mais ce n'étoit là qu'une idée accessoire,
le grand but du gouvernement étoit toujours
l'utilité publique, ou le perfectionnement de la
morale. Strabon nous raconte des circonstances
propres à éclaircir ce phénomène. «Il s'élevoit,
«dit-il, *à l'extrémité* du labyrinthe une pyramide
«quarrée qui renfermoit le tombeau d'un nommé
«*Imandès* (1).» L'auteur s'arrète à ce nom, sans donner le moindre renseignement sur la vie , la mort
et le caractère de cet *Imandès* , ni sur les raisons
qui ont fait consacrer à ses dépouilles mortelles
un monument si festueux. Ce qu'on sait d'abord,
c'est que la personne enterrée n'étoit pas le roi ,
auteur du labyrinthe ; car non-seulement Strabon
place le tombeau de ce prétendu monarque dans
un autre endroit , mais Hérodote nous assure
que les rois , auxquels l'Egypte étoit redevable
de ce superbe monument, reposoient dans les

---

(1) In fine hujus edificii (labyrinthi) quod plus stadio
occupat , est sepultura quædam, pyramis, quadrata : sepulti
nomen est *Imandes*. Strabon , lib. 17. pag. 621.

souterrains de l'édifice. Qui étoit donc cet *Imandès ?* Dans le silence de l'histoire et de la tradition, nous n'avons d'indices sur sa personne que dans le sens de son nom, combiné avec la nature de l'édifice et d'autres circonstances : IEMAND, dont on a formé *Imandès*, signifie, en langue SAÏTE ou SAXONNE, *quelqu'un* ; il indique *une personne* quelconque sans distinction ; sépulture d'*Imandès*, veut donc dire *sépulture d'un homme*, ou tombeau *d'un mort*, comme si on disoit *ci-gît un mort.*

Il résulte de cette interprétation, que la pyramide sépulcrale n'étoit pas un monument *honorifique*, mais un monument *moral* relatif à la condition mortelle de l'homme. C'étoit un *memento mori* pour ceux qui sortoient du labyrinthe. Ce qui vient à l'appui de cette opinion, c'est que le tombeau étoit placé précisément à l'issue de l'édifice ; le premier objet qui frappoit les regards des sortans, étoit l'image de la *mort*. Nous savons par Diodore de Sicile, liv. 2, que les Egyptiens faisoient peu de cas de l'existence de l'homme sur la terre. Ils ne regardoient les maisons des vivans que comme des auberges (*diversoria*), et ils appeloient les tombeaux des demeures éternelles, *sepulcra domos sempiternas appellant* (1).

______

(1) Ægyptii omninò parvifaciendum præsentis vitæ tempus esse putant: futuræ verò gloriam, quæ *virtute* comparatur, maximi æstimandam. Domos nostras *diversoria* appellant, tam-

En combinant ces circonstances avec l'extrême complication du plan du labyrinthe, on est convaincu que les architectes, en y pratiquant un nombre si immense de tours et de détours, et en rendant la sortie si embarrassante, n'ont eu d'autres vues que de tracer l'*image de la vie humaine*. Rien ne ressemble plus à un labyrinthe que la carrière tortueuse que l'homme parcourt, depuis son enfance jusqu'au moment de sa mort. Mais les pieux gouvernans n'ont figuré la condition humaine sous un point de vue si défavorable, qu'en indiquant en même temps à l'homme le fil avec lequel il peut en sûreté se conduire dans le dédale de sa triste vie. Ce fil est figuré dans la destination principale du labyrinthe. L'édifice étoit consacré aux exercices de *piété* et à l'administration de la *justice*; COLE PIETATEM ET JUSTITIAM, étoit le texte de tous les sermons des premiers instituteurs; ils inculquoient cette divine morale par tous les moyens possibles, les voûtes mêmes du labyrinthe en devenoient les échos.

C'est dans le même esprit, et pour retracer toujours aux hommes la route de leurs devoirs, qu'on avoit fixé le nombre des grandes salles à *douze*, et qu'on en avoit placé six du côté du nord, et six du côté du sud. C'étoit ingénieuse-

---

quam brevi tempore a nobis inhabitandas. Defunctorum sepulcra sempiternas domos, quoniam apud inferos infinitum sit tempus, vocant. Diod., lib. II, cap. I. pag. 69.

ment rappeler au souvenir des hommes les douze loix du code zodiacal.

Les détails dans lesquels nous venons d'entrer sur l'Egypte, suffisent pour se former une idée de l'origine de ce fameux pays, et de la marche de sa civilisation. La connoissance de ses mystères et de ses institutions résultera de l'explication que nous allons donner de la civilisation, de la constitution et de l'organisation de la République élysienne, ou de l'Empire des Atlantes ; c'est là où nous verrons briller la sagesse et le génie de nos pères.

Fin du second volume.

TABLE DES CHAPITRES

CONTENUS DANS CE SECOND VOLUME.

TABLE.

Fin de la Table du second volume.

TABLE DES MATIÈRES

CONTENUES DANS CE SECOND VOLUME.

A.

II.

B.

D.

E.

II.

J.

cornes; c'étoit le symbole du pasteur suprême de l'ancienne Eglise, p. 214.

K.

L.

M.

P.

S.

II. ***

T.

V.

Fin de la Table des Matières du second Volume.